税金対策提案シート集

2022年度版

辻・本郷税理士法人 編著

銀行研修社

はしがき

お客さまからの税務関係の相談やお客さまへの提案業務に，気軽に利用できてわかりやすく，コンパクトにまとまった提案モデルや計算フォーマットみたいなものがないだろうかという声に応えて，1990 年に本書の初版を刊行してから 30 年以上が過ぎました。

1990 年といえば，株価や地価が高騰を続けていたまさにバブル経済の最盛期であり，誰もがフロー所得以上にストックから産み出される所得の大きさに注目していた時期です。同時に，地価の高騰による高額な相続税が話題となり，フロー所得や貯蓄だけでは納税できないケースも発生しました。相続税を納付するために代々受け継いだ財産を処分するケースや，都心で事業を継続することができなくなるケースが社会問題として取り上げられ，財産に課せられる税金の問題が関心を集めたのもこの時期でした。

かかる経済的背景の中で，本書では財産に対する税金問題について，財産を保有している人を対象に，財産の後継者への譲り方や残し方を，これから財産形成をしていこうとする人を対象に財産の増やし方を提案シートとして集大成しました。

税制における全体的な傾向として，相続税や所得税などの個人に関する税金について増税が続く一方，法人税の実効税率は引下げが続いています。また，少子高齢化に伴う社会保険財政の悪化を補うために，消費税については税率が引き上げられたほか，人件費に占める社会保険料の割合の増加が続き，個人・法人を問わず納税者の大きな負担となっています。個別の税制による調整はあるものの，全体としては今後もこの流れが継続していくものと思われます。

相談を受ける内容も，不動産や株の値上がりで生じたキャピタルゲインをどう税務上処理したら有利であるか，あるいは，増えた資産をどのように後継者に残すか，といったストックの含み益に関する税金問題が主ではなくなってきました。

ただ，このように局面は変化してきても，ストックの産み出す所得，あるいはストック自体に対する税金の取扱いが，税務上の重要問題の中心にあることには変わりはありません。

さて，2022 年度版では，巻頭に TOPICS として「2022 年度税制改正のポイント」

を取り上げ，住宅ローン控除の見直し，賃上げ促進税制の見直しなどについて解説しました。続いて「2022 年度注目対策」として，納税環境のデジタル化，オープンイノベーションを促進するための税制措置の創設など，今年度に注目される各種テーマを配し，読者の皆さまの日常業務に即役立つ構成としました。その他既存項目についても，2022 年度税制改正に伴う関係諸法令等の改廃にあわせたメンテナンスを行ったことはもちろん，個人・法人別のテーマごとに整理しました。

本書は，読むためのものでなく，使用するためのものであるため，コピーしたり計算したりして，積極的に使っていただければ幸いです。

また，本書の刊行にあたり，「提案シート」の使用をご快諾していただいた高瀬博司，大森正嘉，田村紀彦，岸本定雄，山下康親，堀江大樹，神山貞雄の諸氏に改めて深く感謝を申し上げるとともに，初版発刊以来あたたかいご支援，貴重なご意見をいただいた読者諸兄の皆さま，ひとかたならぬご尽力をいただいた銀行研修社の編集部各位に重ねて厚く謝辞を申し上げる次第です。

2022 年 7 月

編著者代表　本 郷 孔 洋

◆本シートの活用方法◆

1．シートの選び方

お客さまのニーズを察知して，事前に当該シートを携帯する積極的な活用法が喜ばれます。また，お客さまの相談にその都度，当該シートを活用することも有効です。

2．シートの提供方法

本シートはケースごとに見開き（２ページ原則）として構成していますので，店内備付の複写機にＢ４判コピーで複写してお客さまに差しあげてください。

3．店内勉強会の教材

あらかじめ参加人員にコピーを手渡し，店内の勉強会に利用されますと，他の書籍や通信教育のテキストにない効果があります。

4．コピーの許諾

書籍や雑誌の内容を無断でコピーし業務上使用しますと著作権法に抵触しますが，本シートは複写機によるコピーに限り，その行為を許諾するものです。

◆お　知　ら　せ◆

各シートの文末には金融機関・支店名を押印する欄がありますので，シートに押印しておきますとコピーの複写には必ず印刷されますのでPRに役立ちます。

ゴム印の大きさは次のサイズがシートの活字と最もバランスがとれますので，発注の際にご指定ください。

(16ポイント活字使用)	(8ポイント活字使用)
○○銀行○○支店	TEL ○○○−○○○○

目　　次

●コラム

参考文献

『相続税の実践的節税対策』ダイヤモンド社，本郷孔洋・山田淳一郎共著

『新土地税制による不動産の税務』税務研究会出版局，則枝征克著

『同族会社の節税戦略』時経詳報社，山田淳一郎他著

『財テク社長学入門』大成出版社，本郷孔洋・山田淳一郎共著

『税金の知識』平成元年度版　日興証券

『中小企業のための法人税申告の手引』日本経済新聞社，山田淳一郎著

『相続税 贈与税 土地評価の実務』財団法人　大蔵財務協会，伊藤厚廣（東京国税局資産評価官）編

『問答式　株式の売買と評価の税務』財団法人　納税協会連合会，古賀伊佐夫（大阪国税局資産税課長） 藤本秀幸（大阪国税局資産評価官）

『株式公社債評価の実務』財団法人　大蔵財務協会，伊藤厚廣（東京国税局資産評価官）

『財務評価の実務』ぎょうせい，国税庁資産税課 資産評価企画官　共編

『週刊税務通信 No2183』税務研究会

『週刊税のしるべ　第 2077 号』財団法人　大蔵財務協会，税のしるべ総局

TOPICS
1．2022 年度税制改正のポイント

2022 年度税制改正では，新型コロナウイルス感染症への対応に万全を期しつつ，未来を見据え，「成長と分配の好循環」と「コロナ後の新しい社会の開拓」をコンセプトに，新しい資本主義の実現に取り組むため，企業が研究開発や人的資本などへの投資を強化し，中長期的に稼ぐ力を高めるとともに，その収益を更なる未来への投資や，株主だけでなく従業員や下請企業を含む多様なステークホルダーへの還元へと循環させていくことを通じ，企業として持続的な成長を達成するという本来の使命をより一層果たしていくための改正としています。

1．主なポイント

(1) 成長と分配の好循環の実現

①積極的な賃上げ等を促すための措置（本編Ｉ－２－⑥，P.40）
②オープンイノベーション促進税制の拡充（本編Ｉ－２－⑧，P.44）
③未来への投資等に向けた経済界への期待
④地方活性化，災害への対応
（イ）地方拠点強化税制の拡充
（ロ）５Ｇ導入促進税制の見直し
（ハ）農林水産物・食品の輸出拡大に向けた税制上の措置
（ニ）異常危険準備金制度の拡充
⑤住宅ローン控除等の見直し（本編Ｉ－１－⑤，P.34）
⑥固定資産税等の見直し
⑦中小・小規模事業者の支援
⑧経済と環境の好循環の実現
⑨その他考慮すべき課題

(2) 経済社会の構造変化を踏まえた税制の見直し

①個人所得課税のあり方
（イ）諸控除の見直し
（ロ）私的年金等に関する公平な税制のあり方
（ハ）記帳水準の向上等
②相続税・贈与税のあり方
③外形標準課税のあり方

(3) 国際課税制度の見直し

(4) 円滑・適正な納税のための環境整備

①適格請求書等保存方式への円滑な移行

②税理士制度の見直し

③記帳義務の不履行及び特に悪質な納税者への対応

④財産債務調書制度の見直し

⑤税務手続のデジタル化・キャッシュレス化による利便性の向上

(5) その他

①新たな沖縄振興等に向けた措置

②ガス供給業に係る法人事業税の課税方式の見直し

③屋外分煙施設等の整備の促進

④ＩＲに関する税制

2．個人所得課税の見直し

(1) 住宅ローン控除の見直し

居住要件の期限が4年間延長され2024年から2025年まで延長となります。また所得要件が3,000万円から2,000万円に引き下げられます。また，控除率が1％から0.7％に引き下げられます（詳細は34頁）。

(2) 大口株主等の要件の見直し

上場株式等の持株割合が3％未満の個人株主について，同族会社である法人との合計で3％以上となる場合には，その個人株主が支払いを受ける配当等について，総合課税の対象とされることとなります。

また，上場会社等は配当等の支払いの確定した日から1カ月以内に持株割合1％以上の個人株主の氏名，マイナンバー等を記載した報告書を所轄税務署に提出することとなります。

3．資産課税

(1) 住宅取得等資金に係る贈与税の非課税措置等の延長・見直し

直系尊属から住宅取得等資金の贈与を受けた場合の贈与税の非課税措置について，適用期限が2年延長され，2023年12月31日までとなります。また，契約の締結時期の要件，適用対象となる既存住宅家屋の築年数要件が廃止され，新耐震基準に適合している住宅用家屋であることが加えられます。一方，非課税限度額は耐震・省エネバリアフリー住宅が1,000万円，その他の住宅が500万円に引き下げ，2022年4月1日以降の贈与については，受贈者の年齢要件も20歳以上から18歳以上に引き下げられます（2022年4月以降の贈与）。

(2) 事業承継税制における特例承認計画提出期限の延長

非上場株式等に係る贈与税・相続税の納税猶予の特例措置における特例承継計画の提出期

限が延長され2024年3月31日までとなります。

4．法人課税

(1) 賃上げ促進税制の見直し

大企業向けの人材確保等促進税制において，要件が「新規雇用者給与支給額」が「継続雇用給与支給額」となり，控除対象も新規雇用者から雇用者全体の給与等増加額となります。また最大の税額控除額も給与等支給等増加額の30%に拡充される等の見直しが行われます。

中小企業向けの所得拡大促進税制において，最大の税額控除が給与等支給増加額の40%へと拡充され，適用期限について1年延長され，2024年3月31日までとなります。

(2) オープンイノベーション促進税制の見直し・延長

スタートアップ企業と既存企業の協業によるオープンイノベーションを促す観点から一部要件の見直しと適用期限の延長がされます。出資行為の要件の取得株式の保有見込期間の下限が5年から3年に短縮，スタートアップ企業の要件で設立後の期間の要件が「売上高に占める研究開発費の額の割合が，10%以上で赤字会社」である場合は15年未満とされ，適用期限は2024年3月31日までとなります。

(3) 5G投資促進税制の見直し・延長

対象となる基準と設備，要件が見直され，適用期限が延長されます。税額控除については，段階的に引き下げられます。適用期限は2025年3月31日まで，税額控除は2023年3月31日までは15%，2024年3月31日までは9%，2025年3月31日までは3%となります。

5．消費課税

(1) 適格区分請求書等保存方式に係る登録手続きの見直し

免税事業者が課税期間の中途に，適格請求書発行事業者に登録できる対象期間がこれまでは期の中途では登録不可でしたが，2023年10月1日から2029年9月30日までの日の属する課税期間は登録ができると見直されます。

6．納税環境整備

(1) 電子帳簿保存法の電子取引の保存に関する制度等の整備

電子取引の取引情報に係る電磁的記録の保存制度について，やむを得ない事業があり，かつ税務署員に対して電磁的記録の出力書面の提示等ができる場合には，保存要件にかかわらず電磁的記録の保存をすることができるようになります。適用期間は2022年1月1日から2023年12月31日までです。

2．新型コロナウイルス感染症緊急経済対策における税制上の措置

新型コロナウイルスの感染拡大により，事業者の経営状態の悪化が懸念されていることから，政府は税制上の支援措置を行いました。

以下で概要を紹介します。

なお税制措置は都度新しいものが講じられますので詳しい最新情報は，辻・本郷税理士法人「〈特設〉新型コロナウイルス対策 プロジェクト」＜ https://www.ht-tax.or.jp/covid19_support/ ＞をご参照ください。

1．新型コロナウイルスの感染拡大に伴う納税猶予制度の特例（納税）

(1) 改正のポイント

イベントの自粛要請や入国制限措置など，新型コロナウイルスの感染拡大防止のための措置に起因して多くの事業者の収入が急減しているという現下の状況を踏まえ，納税を1年間猶予する制度が設けられています。

無担保かつ延滞税なしで納税を猶予する特例は2021年1月31日をもって終了しましたが，その後も既存の納税猶予制度を活用することで，納税者への便宜が図られています。

地方税を含むほぼ全ての税目が対象で，社会保険料についても同様の取扱いとなります。

(2) 必要な手続

新型コロナウイルス感染症の影響により，期限までに申告・納付等をすることができないと認められるやむを得ない理由がある場合には，所轄税務署長に「災害による申告，納付等の期限延長申請書」を提出し，その承認を受けることにより，その理由がやんだ日から2カ月以内の範囲で個別指定による期限延長が認められることになります。

なお，担保は不要で，延滞税は年0.9%（通常は年8.7%）に軽減されます。

(3) 「やむを得ない理由」の具体例

①売上が減少したことで資金繰りが悪化し，納付できない場合

②感染症に感染した，感染者と濃厚接触した等の事由により，納税者や法人の役員，経理責任者及び税務代理等を行う税理士（事務所の職員を含みます）が，保健所・医療機関・自治体等から外出自粛の要請を受けたこと

③納税者や法人の役員，経理責任者及び税務代理等を行う税理士等が，現在，外国に滞在しており，ビザが発給されないまたはそのおそれがあるなど入出国に制限等があること

④経理部門の長期間の閉鎖，学校の臨時休校に伴い経理担当部署の従業員の多くが出勤できない等の事業により，企業や個人事業者，税理士事務所などにおいて通常の業務体制が維持できない状況が生じたこと

⑤上記の理由の影響により，定時株主総会の開催が延期され，決算を確定できない場合

上記以外にも，個別の申請により申告期限等が延長される場合がありますので，所轄の税務署にご相談ください。

2. 生産性革命の実現に向けた固定資産税の特例措置の拡充・延長（固定資産税）

(1) 改正のポイント

生産性革命の実現に向けた償却資産に係る固定資産税の特例措置について，新型コロナウイルス感染症の影響を受けながらも新規に設備投資を行う中小事業者等を支援するため，適用対象の拡充とともに，適用期限が２年延長されます。

今回の拡充・延長による固定資産税の減収額については，全額国費で補填されます。

(2) 制度の概要

本制度は，中小企業の生産性革命を実現するための臨時・異例の措置として，集中投資期間中（※２）に取得した一定の償却資産の固定資産税について特例措置を受けられるというものです。

対象者	先端設備等導入計画の認定を受けた中小企業者等（大企業の子会社を除く）
対象資産	中小事業者等の認定先端設備等導入計画に位置付けられた下記の資産（※１）
特典	標準課税に特例率（ゼロ以上 1/2 以下で市町村の条例で定める割合）を乗じた額を軽減
申請先	各市町村

【拡充・延長内容】

	現行制度	改正後
(※1) 対象資産	機械及び装置、器具及び備品、工具、建物附属設備	機械及び装置、器具及び備品、工具、建物附属設備、 事業用家屋、構築物
要件	・旧モデル比で生産性（単位時間当たりの生産量、精度、エネルギー効率等）が年平均 1%以上向上する一定のもの。	・事業用家屋　取得価額の合計額が 300 万円以上の先端設備等とともに導入されたもの。 ・構築物　旧モデル比で生産性が年平均 1%以上向上する一定のもの。
(※2) 集中投資期間	2018 年 4 月 1 日から 2021 年 3 月 31 日	期限を 2023 年 3 月 31 日までに（2 年間）延長

3. 中小企業の設備投資税制（法人税）（所得税）

(1) 改正のポイント

中小企業投資促進税制は中小企業における生産性向上等を図るため一定の設備投資を行った場合に，特別償却（30％）または資本金 3,000 万円以下の中小企業者等に限って税額控除（7％）のいずれかの適用を認める措置で，下記の見直しを行ったうえで適用期限を２年延長して 2023 年３月 31 日までの間に事業の用に供した資産が対象となります。

なお，商業・サービス業等活性化税制は 2021 年３月 31 日の期限到来をもって廃止し，

中小企業投資促進税制に統合されました。

中小企業経営強化税制は設備投資による企業力強化や生産性向上を後押しする制度で，中小企業者が中小企業等経営強化法の認定を受けた経営力向上計画に基づいて新たな設備を取得し，指定された事業に利用すると，即時償却または取得価額の10％の税額控除という優遇が受けられる措置です。対象に下記の設備を追加したうえで，適用期限を2年延長して2023年3月31日までの間に事業の用に供した資産に適用されます。

①中小企業投資促進税制の見直しポイント

○対象となる指定事業の追加：イ．不動産業，ロ．物品賃貸業，ハ．料亭・キャバレー・ナイトクラブその他これらに類する事業（生活衛生同業組合の組合員が行うものに限る。）

○対象となる法人の追加：商店街振興組合

○対象資産から除外：匿名組合契約等の目的である事業の用に供するもの

②中小企業経営強化税制の見直しポイント

特定経営力向上設備等の対象に，計画終了年度に修正ROA（ROA＝総資産利益率）または有形固定資産回転率が一定以上上昇する経営力向上計画を実施するために必要不可欠な設備が加えられました。

(2) 設備投資促進税制の全体像

改正概要 【適用期限：令和４年度末まで】

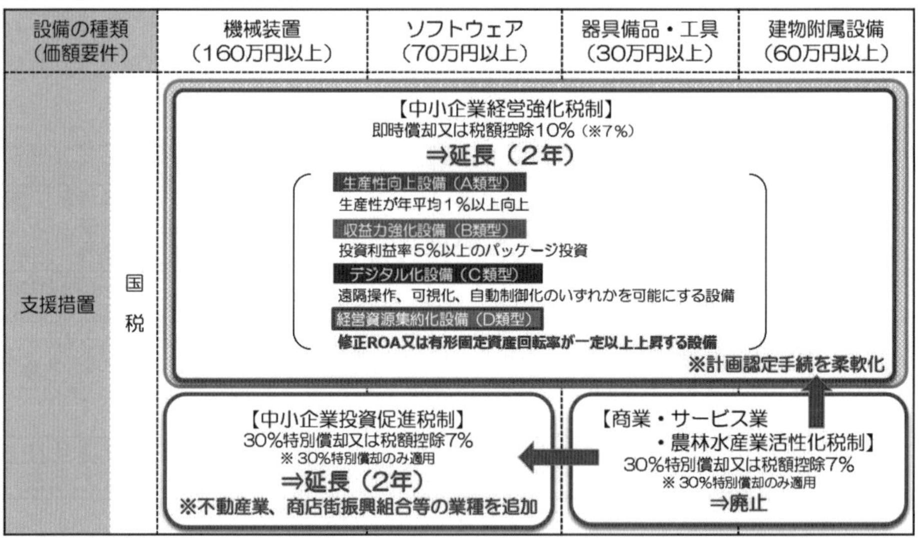

▒を付した部分は、経営力向上計画の認定が必要　※を付した部分は、資本金3,000万円超1億円以下の法人の場合

4．特別貸付けに係る消費貸借に関する契約書の印紙税の非課税

(1) 改正のポイント

公的金融機関や民間金融機関等が，新型コロナウイルス感染症によりその経営に影響を受けた事業者に対して行う特別な貸付けに係る契約書のうち，2023年3月31日までに作成されるものについては，印紙税を非課税とします。

(注) 既に契約を締結し印紙税を納付した者に対しては，遡及的に適用し，還付を行います。

提案シート

Ⅰ

2022 年度注目対策

1　消費税増税後のインボイス方式導入までのロードマップ

1．概要

インボイス方式とは，請求書を発行する事業者に「登録事業者番号」・「税額区分表示」を強制する，という制度です。

①正しくは「適格請求書等保存方式」と定義されています。

②軽減税率対象品目を取り扱っていない事業者も含めて，すべての事業者に非常に大きな影響があります。

③ 2019年10月以降は本格的な導入までの経過措置として「区分記載請求書等保存方式」（簡素な経理方式）が導入されました。

④本格的な導入は2023年10月以降の予定です。

2．インボイス方式の問題点

(1) 適格請求書への対応の必要性

最も重要なポイントは，完全なインボイス方式のもとでは，原則として「適格請求書発行事業者」として登録済みの事業者から交付された「適格請求書類（インボイス）」がなければ，仕入税額控除を受けることができない，という点です。

支払事業者側から見ると，同じ仕事を依頼して同じ金額を支払ったとしても，未登録事業者への支払いについては，仕入税額控除の対象とならないため，登録済み事業者への支払いに比べて多くの消費税負担が生じる形になります。

結果的に，未登録事業者への仕事の発注が減少し，取引全体から排除される可能性があります。これは未登録事業者側から見ると，現状に比べて売上が大きく減少するリスクを負うことを意味します。

そのため，国内事業者向けの売上を考慮する必要のある大多数の事業者にとって，登録申請を行い，適格請求書類を交付することはほぼ必須の作業となります。なお，未登録の事業者が適格請求書に似た様式の請求書類を交付した場合には罰則の対象となります。

(2) その他の問題点

・交付する請求書類に記載する事項が増える。様式変更を含めた発行システム等の出費・事務負担が増加する可能性があります。

・支払相手の請求書類についても適格請求書類である旨を確認する必要があり，経理の事務負担が増加する可能性があります。

(3) 免税事業者にとって深刻な問題

適格請求書発行事業者として登録をした事業者については，翌課税期間以降，登録を維持している間は免税事業者となることができません。つまり，適格請求書を交付するには，事実上，課税事業者となることを強制される，ということです。

得意先に対する立場が弱く，消費税負担が重くなりやすい中小零細事業者が多い免税事業者にとって，事業者相手の売上を維持するために登録を行い消費税を負担するか，事業者相手の売上が減少するリスクを理解したうえで登録せずに免税事業者を維持するかは，極めて深刻な問題です。

3．軽減税率導入と請求書の保存形式

2019年10月1日の消費税率引上げ（10%）に際し，飲食料品等に係る軽減税率が導入されました。それは，①飲食料品の譲渡（酒類，外食サービスを除く），②定期購読契約が締結された週2回以上発行される新聞の譲渡について，軽減税率8％が適用されるというものです。なお，「外食」については，軽減税率が適用される場合（テイクアウト等）と，されない場合（店内飲食等）があり，わが国の消費税制度導入後，初めての2段階税率となっています。

また，2023年10月1日にはインボイス方式（適格請求書等保存方式）が導入されますが，2019年10月1日から2023年9月30日までの4年間は，経過措置として「区分記載請求書等保存方式」が採用されます。

（注）下記イメージの「適格請求書」のとおり，納税者の消費税計算の仕入税額控除額の算出には，標準税率と軽減税率の2段階税率の対象区分表示が必要不可欠となります。

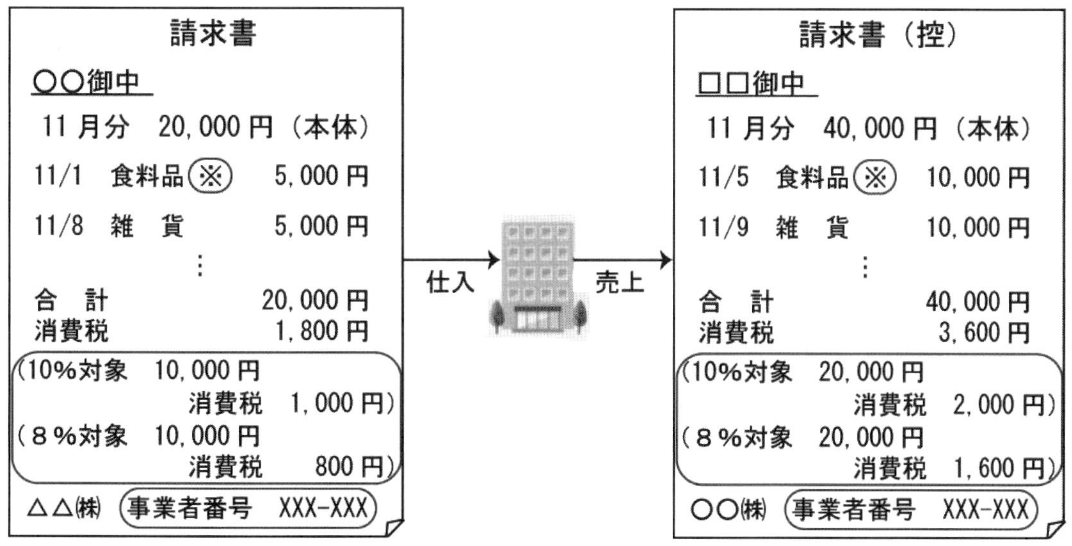

請求書

○○御中

11月分　20,000円（本体）

11/1　食料品㊟　5,000円

11/8　雑　貨　5,000円

⋮

合　計　20,000円

消費税　1,800円

（10%対象　10,000円　消費税　1,000円）

（８%対象　10,000円　消費税　800円）

△△㈱　事業者番号　XXX-XXX

請求書（控）

□□御中

11月分　40,000円（本体）

11/5　食料品㊟　10,000円

11/9　雑　貨　10,000円

⋮

合　計　40,000円

消費税　3,600円

（10%対象　20,000円　消費税　2,000円）

（８%対象　20,000円　消費税　1,600円）

○○㈱　事業者番号　XXX-XXX

（出典：参考資料②－１（軽減税率制度の導入）財務省）

インボイス方式導入による影響

ご提案のポイント

消費税の10%への増税に伴い開始された軽減税率制度と同時に，インボイス方式への繋ぎとされる「区分記載請求書等保存方式」が導入され，請求書等の記載事項項目が増えています。なお，インボイス方式の導入は2023年10月からとされています。

インボイス方式では，消費税の納税額を減らす「仕入税額控除」の規定の適用を受けるためには，「適格請求書発行事業者」から交付を受けた「適格請求書」等を保存することが要件となっています。現在は免税事業者への支払いに係る仕入税額控除が認められていますが，インボイス方式の導入後は，「適格請求書発行事業者」への支払いでなければ，仕入税額控除は認められません。「適格請求書発行事業者」として登録した場合，課税売上高にかかわらず消費税の課税事業者となります。

消費税の仕入税額控除を受けるためには，もともと，次の①～⑤が請求書等の必要記載事項です。①発行者の氏名・名称，②取引年月日，③取引内容，④対価の額，⑤交付を受けた事業者の氏名・名称

	税　率	保存方式	仕入税額控除の要件	請求書等の記載事項（原則）	3万円未満の取引の仕入税額控除要件	交付義務・罰則	簡便的な税額計算（みなし計算）	免税事業者からの課税仕入に係る仕入税額控除
2019年10月～2023年9月	10%（軽減対象取引は8%）	区分記載請求書等保存方式（簡素な経理方式）	区分請求書等の保存	①～⑤に加えて，⑥軽減税率の対象品目である旨 ⑦税率ごとに合計した対価の額（交付を受けた事業者による追記も可）	帳簿の記載のみ	なし	簡易課税制度＋経過措置（詳細は右記の図表を参照）	100%控除可
2023年10月以降	10%（軽減対象取引は8%）	適格請求書等保存方式（インボイス方式）	適格請求書等の保存（交付が困難な一定の取引を除く）	①～⑦に加えて，⑧発行事業者の登録番号 ⑨消費税額	原則として適格請求書等が必要	交付義務あり・不正交付時の罰則あり	経過措置が期限切れ（簡易課税制度については記載なし）	2026年9月までは80%控除可 2029年9月までは50%控除可 2029年10月以降は控除不可

2019年10月～2023年9月の経過措置（みなし計算の特例）

対象事業者	基準期間の課税売上高	適用期間	経過措置の内容
10%売上と8%売上の区分集計が困難な事業者（売上側）	5,000万円以下	2019年10月1日～2023年9月30日の属する課税期間（経過措置適用中の4年間）	①仕入総額に占める軽減品目割合によるみなし計算 ②10営業日の売上に占める軽減品目比率によるみなし計算 ③全体の売上のうち半分を軽減品目とみなす計算
10%仕入と8%仕入の区分集計が困難な事業者（仕入側）	5,000万円以下	2019年10月1日～2020年9月30日の属する課税期間（増税当初の1年間だけ）	①売上総額に占める軽減品目割合によるみなし計算 ②簡易課税制度の届出期限を課税期間の末日まで延長

会計処理をする上でも，適格請求書等であるか確認の上，仕入税額控除ができるか判断する必要がありますし，その適格請求書等の保存も必須となります。

税務面，業務面双方から考えて，専用ソフトウェア等で合理的に管理する体制に移行することも視野に入れて事前準備を進めておく必要があるでしょう。

また，現在の取引において，請求書等の書類のやり取りや書類の保存が確実に行われているかといった社内体制をあらためて見直す時期ではないかと思います。

2　結婚・子育て資金を一括贈与した場合の非課税特例の活用

親・祖父母が子や孫の「結婚・子育て資金」を一括贈与した場合の贈与税が非課税となっています。

この制度は2015年4月1日から2023年3月31日までの間に拠出されるものについて適用されます。

1．概要

18歳以上（2022年4月1日より）から50歳未満の子や孫（受贈者：贈与を受ける人）の結婚・子育て資金に充てるため，その直系尊属である親や祖父母（贈与者：贈与を行う人）が金銭を拠出し，金融機関等（銀行，信託銀行，証券会社など）に一括して預入れ等をした場合には，拠出額のうち1,000万円（※）までの金額について，贈与税が非課税となります。

※結婚関係のものは300万円が限度です。また受贈者の前年の合計所得金額が1,000万円を超える場合には適用できません。

2．手続

①口座開設時：受贈者は結婚・子育て資金口座の開設等を行ったうえで「結婚・子育て資金非課税申告書」を金融機関等を経由して税務署に提出します（マイナンバーの記載が必要）。

②払出し時：受贈者は，その開設した結婚・子育て資金口座から払出した金銭を結婚・子育て資金の支払に充当したことを証明する書類（領収書等）を金融機関等に提出しなければなりません（金融機関等が記録を保存）。

3．終了時

受贈者が50歳に達した日に金融機関等に残額があるときは，その残額に対して贈与があったものとして贈与税が課されます。また，受贈者が50歳になる前に贈与者が死亡した場合の残高については，相続財産に加算されます（2割加算なし）。

4．結婚・子育て資金とは？

(1) 結婚に際して支払う金銭

①挙式費用，衣装代等の婚礼（結婚披露）費用（婚姻の日の1年前の日以降に支払われるもの）

②家賃，敷金等の新居費用，転居費用（一定の期間内に支払われるもの）

(2) 妊娠，出産および育児に要する金銭

①不妊治療・妊婦健診・医薬品（処方箋に基づくものに限る）・分娩費等・産後ケアに要する費用

②子の医療費，幼稚園・保育所等の保育料（ベビーシッター代を含む）

贈与しただけでは意味がなく，使い切る必要性あり

ご提案のポイント

結婚・子育て資金をまとめて贈与することが可能になるので，相続財産を減らすことができます。

しかし，受贈者が50歳になれば残高に対して贈与税がかかり，資金を使い切る前に贈与者が亡くなれば残額が相続財産に加算されます。

一般的に，結婚などにかかる費用を親が支払うことについては，原則贈与税はかかりません。また結婚・子育て資金贈与の非課税限度額を活用する方法以外に，その都度，年間110万円の基礎控除の範囲内で結婚・出産・子育て資金を贈与することもできます。この税制の利点は，1,000万円までの結婚・子育て資金を一括して贈与しても非課税ということです。

この制度が相続対策に活用できるかどうかについて考えてみましょう。

贈与を行った側の財産は，その贈与分が減少することになりますので，相続財産が減ることになり，結果として相続対策に繋がります。さらに，贈与者の資産総額や所得などに制限もありませんので，資産家にとっては検討すべき内容となっています。

しかし，受贈者が50歳に達した時点において贈与された資金が残っている場合には贈与税がかかり，資金を使い切る前に贈与者が亡くなってしまった場合には，相続財産に加算（2割加算なし）されることになりますので，注意が必要です。

例えば，1人につき1,000万円ずつ3人の孫に対して結婚・子育て資金の一括贈与を行い，その後3人とも結婚出産を経て資金をすべて使ったうえで贈与者が亡くなったとします。この場合の相続財産は，贈与しなかった時と比べて3,000万円（3人×1,000万円）減少することになり，相続税も少なくなるため相続税の節税対策になります。

（文責：辻・本郷税理士法人）

3 エンジェル税制の見直し

1．エンジェル税制の概要

エンジェル税制とは，ベンチャー企業に対する投資の促進を図るため，一定の要件を満たす企業に投資を行った個人に対し設けられた所得税法上の特例措置です。

個人投資家は，投資時点と売却時点のいずれの時点においても所得税法上の特例措置を受けることができます。

2．制度概要

(1) 投資した年に受けられる所得税の優遇措置

以下の①または②の優遇措置のいずれかを選択できます。

①優遇措置A（設立5年未満の企業が対象）

（対象企業への投資額－2,000円）を，その年の総所得金額から控除

※控除対象となる投資額の上限は，総所得金額×40％と800万円（一定の場合は1,000万円）のいずれか低い方

②優遇措置B（設立10年未満の企業が対象）

対象企業に対し払込により投資した金額のうち一定額を，その年分の他の一般株式の譲渡益または上場株式の譲渡益から排除することができます。

※いわゆるストックオプション税制の適用を受けるものは除かれます。

(2) 株式を売却した年に，譲渡損失が生じた場合に受けられる所得税の特例措置

個人が株式等を売却した場合，「上場株式等に係る譲渡所得等の金額」と「一般株式等に係る譲渡所得等の金額」は，それぞれ別々の申告分離課税とされているため，原則，一般株式等に係る譲渡損失の金額を上場株式等に係る譲渡所得等の金額から排除することはできません。

ですが，対象企業の株式の譲渡損失額は，まず他の一般株式等に係る譲渡所得等の金額の計算上控除します。この時に対象企業の株式に係る譲渡損失が残る場合には，上場株式等に係る譲渡所得等の金額を限度として，上場株式等に係る譲渡所得等の金額の計算上控除することができます。

また，上記規定を適用してもなお残る損失額は，その年の翌年以後3年間にわたり，一般株式等に係る譲渡所得等の金額及び上場株式等に係る譲渡所得等の金額から繰越控除することができます。

(3) 投資したベンチャー企業が解散等をし，株式としての価値を失った場合

投資先の対象企業が上場前に解散等し，株式がその価値を失った場合には，一定の要件の下その株式を譲渡したものとみなし一般株式等に係る譲渡所得等の金額を計算します。

この場合に，一般株式等に係る譲渡所得

（文責：辻・本郷税理士法人）

等の金額の計算上控除してもなお控除しきれない損失額は，上場株式等に係る譲渡所得等の金額を限度として，上場株式等に係る譲渡所得等の金額の計算上控除することができます。

また，上記規定を適用してもなお残る損失額は，その年の翌年以後３年間にわたり，一般株式等に係る譲渡所得等の金額及び上場株式等に係る譲渡所得等の金額から繰越控除することができます。

（※）上記（1）①または②の適応を受けた場合の，対象企業の株式の取得価額は，購入価額から①または②の金額を控除した金額になります。

３．減税対象となる企業の要件

(1) 優遇措置Ａ

設立経過年数	要件
１年未満かつ最初の事業年度を未経過	研究者あるいは新事業活動従事者が２人以上かつ常勤の役員・従業員の 10%以上
１年未満かつ最初の事業年度を経過	研究者あるいは新事業活動従事者が２人以上かつ常勤の役員・従業員の 10%以上で、直前期までの営業キャッシュフローが赤字
	試験研究費等（宣伝費、マーケティング費用（※1）を含む）が収入金額の５%超で直前期までの営業キャッシュ・フローが赤字
１年以上２年未満	新事業活動従事者が２人以上かつ常勤の役員・従業員の10%以上で、直前期までの営業キャッシュ・フローが赤字
	試験研究費等（宣伝費、マーケティング費用（※1）を含む）が収入金額の５%超で直前期までの営業キャッシュ・フローが赤字
	売上高成長率が 25%超で営業キャッシュ・フローが赤字（※2）
２年以上３年未満	試験研究費等（宣伝費、マーケティング費用（※1）を含む）が収入金額の５%超で直前期までの営業キャッシュ・フローが赤字
	売上高成長率が 25%超で営業キャッシュ・フローが赤字
３年以上５年未満	試験研究費等（宣伝費、マーケティング費用（※1）を含む）が収入金額の５%超で直前期までの営業キャッシュ・フローが赤字

(2) 優遇措置B

設立経過年数	要件
1年未満かつ最初の事業年度を未経過	研究者あるいは新事業活動従事者が2人以上かつ常勤の役員・従業員の10%以上
1年未満かつ最初の事業年度を経過	研究者あるいは新事業活動従事者が2人以上かつ常勤の役員・従業員の10%以上
	試験研究費等（宣伝費、マーケティング費用（※1）を含む）が収入金額の3%超
1年以上2年未満	新事業活動従事者が2人以上かつ常勤の役員・従業員の10%以上
	試験研究費等（宣伝費、マーケティング費用（※1）を含む）が収入金額の3%超
	売上高成長率が25%超（※2）
2年以上5年未満	試験研究費等（宣伝費、マーケティング費用（※1）を含む）が収入金額の3%超
	売上高成長率が25%超
5年以上10年未満	試験研究費等（宣伝費、マーケティング費用（※1）を含む）が収入金額の5%超

※1　宣伝費、マーケティング費用：新たな技術もしくは新たな経営組織の採用、技術の改良、市場の開拓または新たな事業の開始のために特別に支出する費用。

※2　設立2年未満で、第2期の事業年度を経過している場合は、この要件（売上高成長要件）でも確認を受けることができる。

(3) その他の要件

①エンジェル税制の対象となる中小企業（株式会社）は，中小企業等経営強化法第2条第1号から第5号に定義する中小企業

②特定の株主グループからの投資の合計が6分の5を超えない会社であること

③大規模法人および当該大規模法人と特殊の関係にある法人の所有に属さないこと

④未登録・未上場の株式会社で，風俗営業等に該当する事業を行う会社でないこと

⑤その他一定の要件

（文責：辻・本郷税理士法人）

総所得金額・株式譲渡損益に応じて優遇措置を選択する

ご提案のポイント

投資家の総所得金額，投資額および株式譲渡益などの状況により有利判定が異なります。

そのため，慎重な判断の上，有利な優遇措置を選択する必要があります。

1．投資家Aの場合

総所得金額	1,000 万円
企業への投資額	500 万円→その後 50 万円で売却
他の株式譲渡益	100 万円

(1) 投資時点の優遇措置の選択

優遇措置A　10,000,000 円× 40%－ 2,000 円＝ 3,998,000 円

優遇措置B　1,000,000 円

優遇措置A＞優遇措置B　∴優遇措置Aを利用した方が有利（→総所得金額から控除）

(2) 売却時点の優遇措置

総所得金額から控除した 3,998,000 円分を取得価額（500 万円）から控除した残額 1,002,000 円を取得原価として計算。よって，500,000 円で売却した場合は，502,000 円の損失が発生し，当該損失額をその年および翌年以降 3 年間株式譲渡益から繰越控除可能。

2．投資家Bの場合

総所得金額	500 万円
企業への投資額	900 万円→その後 200 万円で売却
他の株式譲渡益	400 万円

(1) 投資時点の優遇措置の選択

優遇措置A　5,000,000 円× 40%－ 2,000 円＝ 1,998,000 円

優遇措置B　4,000,000 円

優遇措置A＜優遇措置B　∴優遇措置Bを利用した方が有利（→株式譲渡益から控除）

(2) 売却時点の優遇措置

株式譲渡益から控除した 4,000,000 円分を取得価額（900 万円）から控除した残額 5,000,000 円を取得原価として計算。よって，2,000,000 円で売却した場合は，3,000,000 円の損失が発生し，当該損失額をその年および翌年以降 3 年間株式譲渡益から繰越控除可能。

4 納税環境のデジタル化（脱ハンコ，ペーパーレス化，スマホ決済）

1．概要

2021年度の税制改正では，行政のデジタル化を進め，各省庁や自治体の縦割りを打破し，今後5年で自治体システムの統一・標準化を行うため，納税環境について大幅な見直しがありました。

以下で具体的なものを解説します。

2．脱ハンコ

(1) 税務関係書類における押印義務の廃止

税務署や地方自治体に提出する税務関係書類については，原則，押印不要となりました（表1参照）。

例外もありますが，ごく一部（表2参照）ですので，ほとんどの提出書類にハンコを押す必要がなくなったと言えるでしょう。

(2) 適用時期

2021年4月1日以降，適用されています。

3．ペーパーレス化

(1) 誰でも電子データでの保存が可能に

電子帳簿や受領した請求書等の電子データでの保存が可能となりました（表3参照）。

(2) 事前承認や紙原本による確認が不要に

事業所得，不動産所得等のある全ての方は，申告が必要ない方も含め，収入や経費を記帳するとともに帳簿や書類を保存しておき，税務署から請求があった場合には見せなければなりません。帳簿書類の保存期間は短いものでも5年（表4参照）で，電子データでの保存も可能でしたが，税務署長の事前承認が必要で紙原本による確認が必要でした。

今回の改正では，その事前承認や紙原本による確認が不要となりましたので，電子データでの保存は，かなり取り組みやすくなりました。

(3) 適用時期

2023年12月31日までの2年間は，従来通りプリントアウト保存が認められ，2024年1月1日以降適用が開始される予定です。

4．スマホ決済

(1) スマートフォンを使用した決済サービスによる納付手段の創設

2022年から国税も「PayPay」などのスマホの決済アプリで納付できるようになります。

自動車税や固定資産税などの地方税は，一部の自治体が「PayPay」や「LINEPay」などの決済アプリで既に支払えるようにしていますが，国税についても同じようにスマホの決済アプリで支払えるように改正されました。

(2) 適用時期

2022年12月以後に納付する国税及び地方税より適用となります。

【表 1】

	【改正前】	【改正後】
国税	税務書類を税務署等に提出する場合には押印が必要（国税通則法第 124 条）	実印の押印と印鑑証明書の提出を求める書類，財産の分割の協議に関する書類を除き，押印を要しない
地方税	地方自治体によっては押印が必要	押印を要しない

【表 2】

	税務関係書類の分類	押印の要否
原則	(1) 全般（例：確定申告書，給与所得者の扶養控除等申告書）	不要
例外	(2) 担保提供関係書類（例：不動産抵当権設定登記承諾書，第三者による納税保証書）	要
	(3) 遺産分割協議書（例：相続税・贈与税の特例における添付書類）	

（注 1）国税・地方税の犯則調査手続における質問調書等への押印については，刑事訴訟手続に準じた取扱いとなります。

（注 2）上記の改正の趣旨を踏まえ，押印を要しないこととする税務関係書類については，施行日前においても，運用上，押印がなくとも改めて求めないこととされています。

【表 3】

	【改正前】	【改正後】
事前承認	●税務署長の事前承認が必要	□税務署長による事前承認を廃止
帳簿類電子データ保存	●検索機能や訂正削除履歴を備えた信頼性の高いシステムしか認められておらず，低コストなクラウド会計ソフト等の利用者は紙での保存が必要	□モニター，説明書の備付け等の最低限の要件を満たす電子帳簿（正規の簿記の原則に従って記帳されたものに限る）も，電子データのまま保存することが可能 □信頼性の高い（優良な）電子帳簿については，過少申告加算税を 5%軽減，青色申告特別控除を 10 万円上乗せして 65 万円
請求書等スキャナ保存	●紙原本による確認が必要なため，その処理のために出勤が必要 ●一定日数内でのタイムスタンプ付与の徹底が困難 ●保存データに対する高度な検索機能を確保できない場合は紙での保存が必要	□紙原本による確認の不要化（スキャン後直ちに原本の廃棄可能） □電子データの改ざん等による不正は，重加算税を 10%加算 □タイムスタンプ付与までの期間を最長約 2 カ月以内に統一 □検索要件について，「日付，金額，取引先」に限定するとともに，一定の小規模事業者については不要化

【表 4】

①青色申告

<table>
<tr><th colspan="3">青色申告の場合に保存が必要なもの</th><th>保存期間</th></tr>
<tr><td>帳簿</td><td colspan="2">仕訳帳，総勘定元帳，現金出納帳，売掛帳，買掛帳，経費帳，固定資産台帳など</td><td>7 年</td></tr>
<tr><td rowspan="3">書類</td><td>決算関係書類</td><td>損益計算書，貸借対照表，棚卸表</td><td>7 年</td></tr>
<tr><td>現金預金取引等関係書類</td><td>領収証，小切手控，預金通帳，借用証など</td><td>7 年（※）</td></tr>
<tr><td>その他の書類</td><td>取引に関して作成し，又は受領した上記以外の書類
（請求書，見積書，契約書，納品書，送り状など）</td><td>5 年</td></tr>
</table>

※前々年分所得が 300 万円以下の方は，5 年

②白色申告

<table>
<tr><th colspan="2">白色申告の場合に保存が必要なもの</th><th>保存期間</th></tr>
<tr><td rowspan="2">帳簿</td><td>収入金額や必要経費を記載した帳簿（法定帳簿）</td><td>7 年</td></tr>
<tr><td>業務に関して作成した上記以外の帳簿（任意帳簿）</td><td>5 年</td></tr>
<tr><td rowspan="2">書類</td><td>決算に関して作成した棚卸表その他の書類</td><td rowspan="2">5 年</td></tr>
<tr><td>業務に関して作成し，又は受領した請求書，納品書，送り状，領収書などの書類</td></tr>
</table>

【表 5】

	【改正前】	【改正後】
現金納付	○	○
振替納税（銀行引落）	○	○
インターネットバンキング（振込）	○	○
クレジットカード払い	○	○
コンビニ払い（納付書 QR コード）	△ （国税のみ）	△ （国税のみ）
スマホ決済アプリ（電子マネー決済）	△ （地方税は導入済の自治体もあり）	○

※納付書で納付できる国税を対象とし，税目による制限はありません。

※税額は，30 万円以下に限定します。

○地方税共通納税システム（eLTAX）の対象税目について，固定資産税，都市計画税，自動車税種別割及び軽自動車税種別割を追加します。

○特別徴収税額通知（納税義務者用）について，特別徴収義務者が求めた場合，市町村は，eLTAX 及び特別徴収義務者を経由して電子的に送付するものとします。

すべての取引をデータ化して「経理業務の電子化」を図る

ご提案のポイント

税務関係書類については押印の必要がなく，紙で保存する必要もなくなりましたので，押印の手間を省き，紙での印刷を廃止し，受け取った書類もスキャナ保存して即座に廃棄し，すべての取引をデータでやり取りしてデータで保存する「経理業務の電子化」が可能です。

1．まずはスキャナ保存を

今回の改正によって，企業の経理業務における電子化のハードルが格段に下がりました。「電子帳簿保存法に対応したいけど，要件が難しくて何からはじめればいいのかわからない…」という方には，まずはスキャナ保存から始めることをお勧めします。

スキャナ保存を取り入れることで猥雑になりやすい領収書や請求書などの保存の手間が省け，保管場所も空けてスッキリ仕事を行うことができるようになります。このメリットはすぐにでも使いたいところです。

2．「経理業務の電子化」の賢い取り入れ方

「2021年度税制改正」における電子帳簿等保存制度の見直し事項には大きく３つの事項があります。【帳簿書類の電子データ保存】と【スキャナ保存】，【電子取引のデータ保存】です。

３つのうち，まずはスキャナ保存から始めるのがよいと思われます。
なぜなら【電子取引のデータ保存】は授受したデータを自社サーバやwebサイト上，クラウドサービス等に「そのまま保存すること」を電子データ保存として認めるもので，取引情報のみを自社システムなどに自ら入力することで「電子データ保存」とみなすことは認められていないからです。

【帳簿書類の電子データ保存】についても取り入れるにはそれなりのシステムやプロセスの見直しを要する場合が多いと思われます。

その点，【スキャナ保存】だけなら，税務署長の承認も不要となりましたので，すぐにでも始めることができます。受領者等が証憑書類をスキャナで読み取る際に行う国税関係書類への自署が不要になり，「訂正または削除を行った事実及び内容を確認できる」システムを使用すれば，タイムスタンプの付与が不要になったことも大きいでしょう。

現在では市販の会計システムで伝票登録時にタイムスタンプを自動で付与することや，画像ファイルをアップロードする際，スキャナ保存の要件となる「解像度」や「階調」を自動でチェックし，制度要件を満たしているファイルだけを登録することも可能となってきています。

3．電子保存等が認められている帳簿・書類

これらの保存方法で認められている帳簿・書類は，以下のとおりです。

① 2023 年 12 月 31 日までの保存等に関するもの

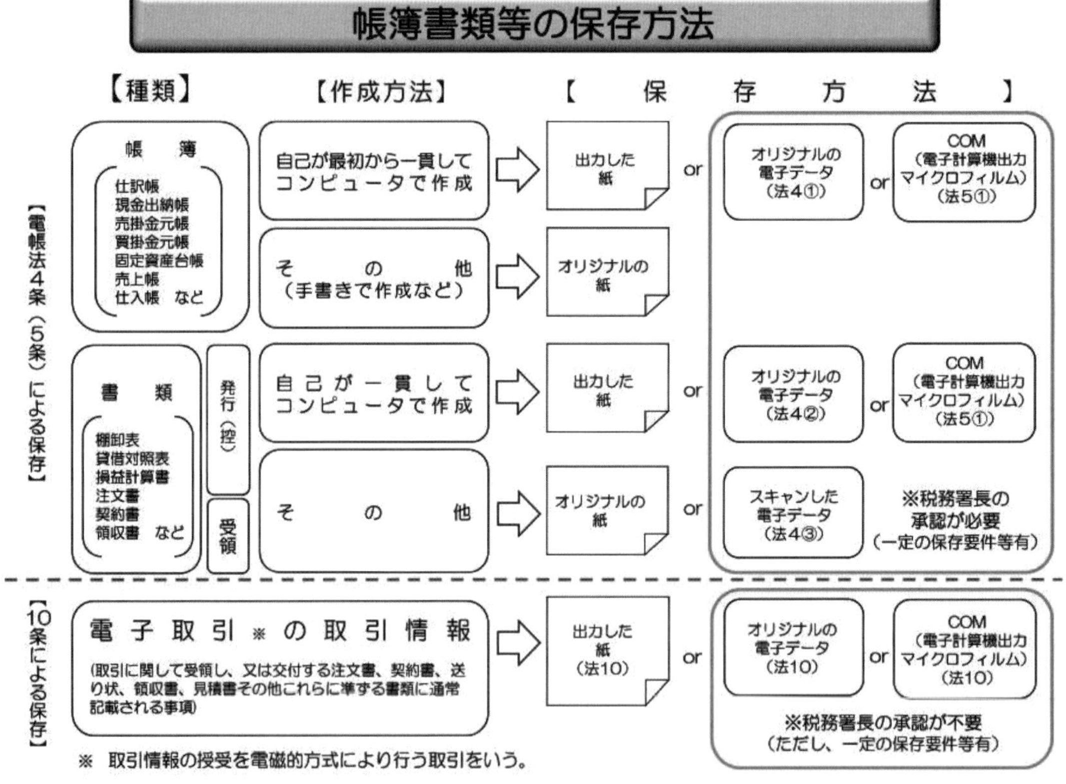

出所：【国税庁】電子帳簿保存法一問一答【電子計算機を使用して作成する帳簿書類関係】

② 2024年1月1日以後に保存等を開始するもの

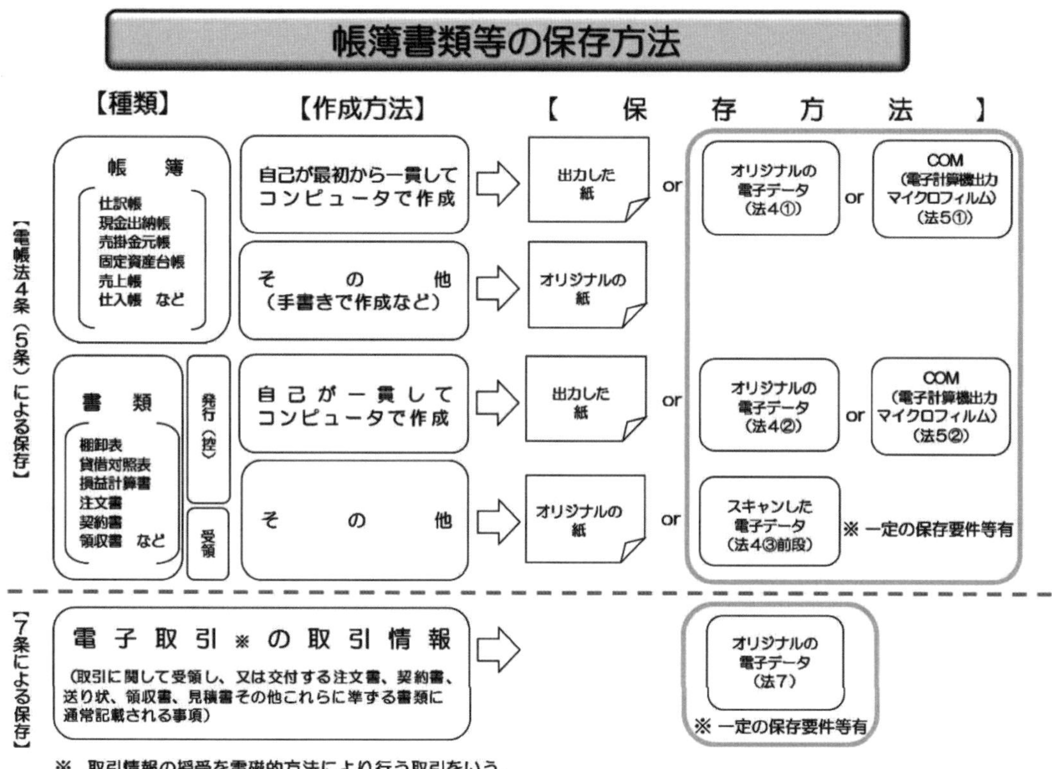

出所：【国税庁】電子帳簿保存法一問一答【電子計算機を使用して作成する帳簿書類関係】

4．国税関係書類におけるスキャナ保存の要件

「スキャナ」とは書面を電磁的記録に返還する入力装置のうち一定の要件を満たすもので，スマホやデジカメでも構いません。

スキャナ保存の要件は「重要書類」と「一般書類」で区分されており，一般書類はカラーでなくとも構わないなど，一部の要件が緩和されています。

・重要書類：契約書，領収書，請求書，納品書など，資金や物の流れに直結・連動する書類

・一般書類：見積書，注文書，研修所など，資金や物の流れに直結・連動しない書類

スキャナ保存の要件は以下の通りです。

・解像度（200dpi 以上）による読み取り

・カラー画像による読み取り（赤・緑・青それぞれ256 階調（約1677 万色）以上）

・入力期間の制限（書類の受領等後又は業務の処理に係る通常の期間を経過した後，速やかに入力），タイムスタンプの付与，解像度及び階調情報の保存，大きさ情報の保存

・バージョン管理（訂正又は削除の事実及び内容の確認）

・入力者等情報の確認，適正事務処理要件，スキャン文書と帳簿との相互関連性の保持

・見読可能装置(14 インチ以上のカラーディスプレイ，４ポイント文字の認識等)の備付け

・整然・明瞭出力，電子計算機処理システムの開発関係書類等の備付け，検索機能の確保

（文責：辻・本郷税理士法人）

税理士業界の裏話①　ふるさと納税について

「ふるさと納税」は富裕層への特典だ，という見方があります。ふるさと納税の控除限度額は累進課税で納めた税金の額に応じて大きくなるからです。

例えば扶養などの条件が同じだとすると年収400万円くらいまでは最大4万円程度なのですが，これが年収1,000万円だと17万円，2,000万円だと56万円，5,000万円だと200万円というように控除限度額は大きくなります。税金を納めた人がふるさと納税を使って日本各地の自治体が用意している返礼品を控除限度額の枠内まで，ほぼタダ（2,000円のみ）で受け取るというのがふるさと納税で起きていることなのです。

ふるさと納税がどのような制度かについて，簡単に説明します。

①地方自治体（市区町村）に寄付をすると特産品がもらえる

②寄付相当額（所得等によって上限あり）の所得税・住民税（2,000円を超える分）が還付・控除される

上記の二つが特徴である，納税者にとって有利な制度です。

自治体への寄付は1カ所限定ということではなく，いくつもの自治体にできることも，魅力の一つです。好きな自治体（好きな特産品）を選んで，その自治体に寄付をするということができます。

また，所得税・住民税の恩恵を受けるためには，原則，確定申告が必要となるため，寄付金額が少額な方は，制度を活用するのが面倒と感じる方もいるかと思いますが，ふるさと納税にはワンストップ特例制度というものがあります。寄付の要件（寄付をする自治体を5自治体以内にするなど）を満たせば，煩雑な確定申告の手続きをする必要なく，寄付相当額を住民税から控除することができます。確定申告の場合は所得税・住民税の還付・控除となり，ワンストップ特例の場合は住民税からの控除のみとなりますが，控除される金額はどちらも変わらないため，要件を満たす場合は，ワンストップ特例を活用すると手間なく控除を受けられます。

例えば，3万円の寄付（寄付は5自治体以内）を自治体にして特産品をもらった場合で，この3万円が全額控除の対象と仮定します。そうすると，確定申告をした場合は，所得税・住民税から合計28,000円が還付・控除されます。一方，ワンストップ特例だと，住民税からのみで28,000円が控除されます。どちらの場合も，控除額の合計は変わりませんし，特産品が2,000円で手に入ることとなります。

ただし，実際に還付・控除はされますが，現金が手元に戻ってくるというわけではありません。また寄付限度額を超えて寄付をした場合にも負担が2,000円ではなく，超えた部分も負担することになってきます。そして寄付による返礼品は，一時所得の対象となります。一時所得は1年間に50万円を超えなければ課税の対象とはなりませんが，それを超える部分については課税の対象となるので多額の寄付をする場合には注意が必要です。

まだ試していない方は，ふるさと納税をぜひ検討してみてください。

（文責：辻・本郷税理士法人）

5　住宅ローン控除の制度改正

1．住宅ローン控除制度の概要

住宅ローン等でマイホームの新築，購入，増改築等をしたときは，一定の要件に当てはまれば，10 年以上の長期にわたって所得税の税額控除を受けることができます。

住宅ローン等の年末残高の合計額等を基として計算した金額を，居住の用に供した年分以後の各年分の所得税額から控除する際は「住宅借入金等特別控除」または「特定増改築等住宅借入金当特別控除」の適用を受けることができます。

また，住宅ローン等を利用しない場合であっても，個人が既存住宅について一定の要件を満たす①住宅耐震改修をしたとき，②バリアフリー改修工事や省エネ改修工事，多世帯同居改修工事，耐久性改修工事（住宅耐震改修や省エネ改修工事を併せて行うものに限ります）をしたとき，または③認定住宅の新築等をしたときは，それぞれ所定の方法で計算した金額を，その年分の所得税額から控除する「住宅耐震回収特別控除」，「住宅特定回収特別税額控除」または「認定住宅新築等特別税額控除」の適用を請けることができます。

2022 年度では，重要な改正が多く行われています。

2．改正の概要

(1) 大きな改正ポイントは下記の７つ

①税額控除の控除率：年末のローン残高の 1%→ 0.7%に引き下げ

②新築の認定住宅（省エネ住宅）等について控除期間：10 年→ 13 年に延長

③中古住宅等の認定住宅の築年数要件：耐火住宅 25 年，非耐火住宅 20 年→登記簿上の建築日付が 1982 年 1 月 1 日以降の家屋に要件緩和

④借入限度額の上乗せ措置：新築住宅に限定→リフォームにより省エネ基準等に適合した既存住宅にも拡大

⑤所得要件：3,000 万円以下→ 2,000 万円以下に引き下げ

⑥年末残高証明書等の提出：申告書に添付が必要→添付浮揚へ要件緩和（2023 年 1 月 1 日以降入居する場合）

(2) 注意事項

注目したいのは，既存の「認定住宅」「一般住宅」に加え，「ZEH 水準省エネ住宅」「省エネ基準適合住宅」という新しい住宅種別が設けられた点です。

・2024 年以降に建築確認を受けた新築住宅については，省エネ基準への適合を住宅ローン控除の要件化とする。

・2025 年度より，新築住宅につき省エネ基準適合義務化予定。

という制度変更があります。2022 年度

の改正だけでなく，将来を見据えて考える必要があるのです。

(3) 改正の理由

ではなぜ，このような重要な改正が行われているのでしょうか？将来を見据えて考えるには，改正の理由を理解しておくことが大事です。

■会計検査院の指摘への対応

①税額控除の控除率：年末のローン残高1%→0.7%に引き下げ

実は近年の住宅ローンの金利低下により，実際に銀行に支払った利息よりも住宅ローン控除額の方が多いという状況が生じており，会計検査院から住宅ローンを組む必要がないのに住宅ローンを組む動機づけになったり，運用期間終了まで繰上げ返済をしない動機づけになったりすることがあると指摘がなされていました。そこで2022年度の改正では，その是正のため税額控除できる住宅ローン残高の控除率が1%から0.7%へ引き下げられました。

■脱炭素社会へ向けた減税方向への改正し，住宅分野の脱炭素化を推奨

②新築の認定住宅（省エネ住宅）等について控除期間：10年→13年に延長

③中古住宅等の認定住宅の築年数要件：耐火住宅25年，非耐火住宅20年→登記簿上の建築日付が1982年1月1日以降の家屋に要件緩和

④借入限度額の上乗せ措置：新築住宅に限定→リフォームにより省エネ基準等に適合した既存住宅にも拡大

2022年度の税制改正の方針は，消費税が2019年に10%引き上げられた反動減対策としての借入限度額の上乗せ措置が終了。認定住宅・ZEH水準省エネ住宅・省エネ基準適合住宅について借入限度額の上乗せ措置を創設。というのが大きな方向性です。

なぜなら政府は2050年までに温室効果ガスの排出を全体としてゼロにする「2050カーボンニュートラル」実現を宣言しているからです。達成のためには，温室効果ガスの排出量の削減，並びに球種作用の保全及び強化をする必要があります。そのために2024年以降に建築確認を受ける新築住宅については「省エネ基準の要件化」を行う措置を講じ，住宅分野の脱炭素化を推進する方針を極めているからです。

■格差社会の是正（富裕層への課税強化）

⑤所得要件：3,000万円以下→2,000万円以下に引き下げ

格差社会の是正のためにこの制度を受けられないものを所得3,000万円以上→2,000万円以上と制限する改正が行われています。

■手続きの簡素化

⑥年末残高証明書等の提出：申告書に添付

が必要→添付不要へ要件緩和

税務手続きのデジタル化，キャッシュレス化による利便性向上の施策のひとつとして実施されます。

(3) **運用期限の延長**

住宅ローン控除について適用期限（2021年12月31日）が2025年12月31日まで4年延長されました。

3．住宅ローン控除の適用要件等

受託借入金等特別控除等の適用を受けることができる場合の要件，控除額の計算方法及び手続き等については，次に掲げる区分に応じて国税庁のHPで説明していますのでご確認ください。https://www.nta.go.jp/taxes/shiraberu/shinkoku/tokushu/info-jyutakukoujo.htm

【表1】

<住宅ローン控除の対象となる住宅>

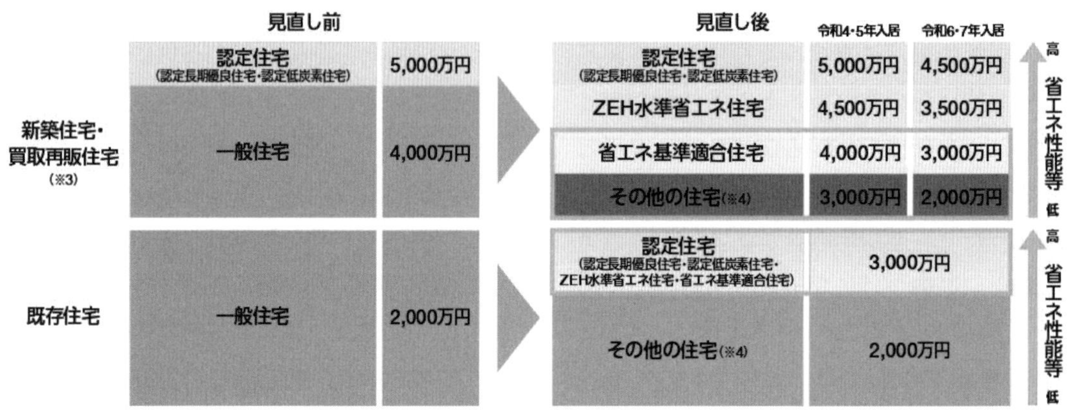

	見直し前		見直し後	令和4・5年入居	令和6・7年入居
新築住宅・買取再販住宅(※3)	認定住宅(認定長期優良住宅・認定低炭素住宅)	5,000万円	認定住宅(認定長期優良住宅・認定低炭素住宅)	5,000万円	4,500万円
	一般住宅	4,000万円	ZEH水準省エネ住宅	4,500万円	3,500万円
			省エネ基準適合住宅	4,000万円	3,000万円
			その他の住宅(※4)	3,000万円	2,000万円
既存住宅	一般住宅	2,000万円	認定住宅(認定長期優良住宅・認定低炭素住宅・ZEH水準省エネ住宅・省エネ基準適合住宅)	3,000万円	
			その他の住宅(※4)	2,000万円	

※1「認定住宅等」は、認定長期優良住宅・認定低炭素住宅、ZEH水準省エネ住宅、省エネ基準適合住宅のことを指す。

※2 控除期間につき、新築等の認定住宅等については令和4～7年入居につき13年とし、新築等のその他の住宅については令和4・5年入居は13年、令和6・7年入居は10年とし、既存住宅については令和4～7年入居につき10年とする。

※3「買取再販住宅」は、既存住宅を宅地建物取引業者が一定のリフォームにより良質化した上で販売する住宅のことを指す。

※4「その他の住宅」は、省エネ基準を満たさない住宅のことを指す。

※5 既存住宅における築年数要件（耐火住宅25年、非耐火住宅20年）については廃止し、代わりに昭和57年以降に建築された住宅を対象とする。

※6 所得税額から控除しきれない額については、所得税の課税総所得金額等の5%（最高9.75万円）の範囲内で個人住民税から控除する。

財務省「令和4年度税制改正（案）のポイント」（2022年2月）
https://www.mof.go.jp/tax_policy/publication/brochure/zeiseian22/zeiseian04_all.pdf

【表 2】

住宅ローン控除の対象となる住宅の要件の見直し（国交省告示において 2022 年度中に改正予定）

＊青地部分が改正が予定されている要件

		認定住宅		ZEH 水準 省エネ住宅	省エネ基準 適合住宅
		認定長期優良住宅	認定低炭素住宅		
省エネ性能	断熱性	省エネ基準 ⇒ ZEH 基準（※）	省エネ基準 ⇒ ZEH 基準（※）	ZEH 基準（※）	省エネ基準
	一次エネルギー消費量 (空調や給湯のエネルギー消費量 等)	要件なし ⇒ ZEH 基準 (省エネ基準▲ 20%)	省エネ基準▲ 10% ⇒ ZEH 基準 (省エネ基準▲ 20%)	ZEH 基準 (省エネ基準▲ 20%)	省エネ基準
その他の主な要件		・劣化対策 ・耐震性 ・維持管理 ・更新の容易性 ・維持保存計画の提出 等	選択的項目のうち 2 つを講じる ⇒ 選択的項目のうち 1 つを講じる ✓ HEMS 導入（エネルギー使用の見える化） ✓節水対策 ✓木材の利用 ✓ヒートアイランド対策　等 ＋ 太陽光発言設備等	—	—

(※）省エネ基準より強化した高断熱基準であり，具体的な基準は地域により異なる。

○令和 6 年以降に建築確認を受けた新築住宅については省エネ基準への適合を住宅ローン控除の要件化。
○令和 7 年度より，新築住宅につき省エネ基準適合義務化予定。

※財務省　令和 4 年度　税制改正（案）について P33

住宅ローン控除の制度改正を考慮した住宅の購入

── いつ買うのが有利か？ ──

ご提案のポイント

4つのチェックポイント

・年収はいくらか？
　合計所得が2,000万円以下なのか，2,000万円超なのか。

・住宅ローンはいくら借りるのか？
　借りるのは2,000万円か，3,000万円までか，4,000万円～5,000万円を借りる予定なのか。

・新築か中古か？
　新築または新築住宅を買うか，中古住宅を買うか？

・どんな家を建てたいか？
　省エネ基準に適合する家を建てるか，一般住宅を建てるか。

(1) 年収はいくらか？

・合計所得が2,000万円以下なのか，2,000万円超なのか。

今回の改正により，合計所得3,000万円以上から2,000万円以下と狭まり2,000万円超の方は，住宅ローン控除を受けることができなくなりました。

(2) 住宅ローンをいくら借りるか？

・借りるのは2,000万円か，3,000万円までか，4,000万円～5,000万円を借りる予定なのか。

もし，5,000万円以上のローンを組むならば，新築の認定住宅を買うのが最も控除額が大きくなります。5,000万円×0.7%×13年間＝455万円が最大控除額です。

ただローンを組むのが3,000万円ほどであれば新築の一般住宅でも13年間で273万円が最大控除額となります。

さらにローンが2,000万円ほどであるならば，新築住宅は13年間で182万円，中古住宅（既存の住宅）は10年間で140万円が最大控除額となります。

(3) 新築か中古か？

・新築または新築住宅を買うか，中古住宅を買うか？

今回の改正で住宅ローン控除できる中古住宅の幅が広がりました。登記簿上の建築日付が1982年1月1日以降の家屋に要件緩和された上，個人限度額も認定住宅等へリフォームすれば3,000万円まで広がっています。

(4) どんな家を建てたいか？

これから新築住宅について住宅ローン控除を受ける場合，再来年（2024年）以降の建築確認となってしまうと「省エネ基準への適合」が要件となります。

つまり，省エネ基準に適合しない建築コストの安い「一般住宅」を建てる際に住宅ローン控除の適用をしたいならば，2023年までに建築確認を受けられる今年か来年までが最後のチャンス，ということになります。

ただ，省エネ基準に適合した住宅には，住宅ローン控除だけでなく政府の様々優遇措置が設けられる可能性があるので，安易に一般住宅の方が安い，建築コストとの兼ね合いのみで決めるのではなく，様々な方向から検証することが大事です。

【住宅ローン控除　最大控除額の改正前と改正後】

<table>
<tr><th>2022年度改正</th><th colspan="2">住宅種別</th><th>所得要件</th><th>控除率</th><th>借入限度額（年末残高）</th><th>控除期間</th><th>最大控除額</th></tr>
<tr><td rowspan="3">改正前</td><td rowspan="2">主に新築住宅※1</td><td>認定住宅</td><td rowspan="3">3,000万円以下</td><td rowspan="3">1%</td><td>5,000万円</td><td rowspan="3">10年間※3</td><td>500万円</td></tr>
<tr><td>一般住宅</td><td>4,000万円</td><td>400万円</td></tr>
<tr><td>主に中古住宅</td><td>一般住宅</td><td>2,000万円</td><td>200万円</td></tr>
<tr><td rowspan="6">改正※2</td><td rowspan="4">新築住宅等</td><td>認定住宅</td><td rowspan="6">2,000万円以下</td><td rowspan="6">0.70%</td><td>5,000万円</td><td rowspan="4">13年間</td><td>455万円</td></tr>
<tr><td>ZEH水準省エネ</td><td>4,500万円</td><td>409.5万円</td></tr>
<tr><td>省エネ基準適合</td><td>4,000万円</td><td>364万円</td></tr>
<tr><td>一般住宅</td><td>3,000万円</td><td>273万円</td></tr>
<tr><td rowspan="2">中古住宅等</td><td>認定住宅</td><td>3,000万円</td><td>10年間</td><td>210万円</td></tr>
<tr><td>一般住宅</td><td>2,000万円</td><td>10年間</td><td>140万円</td></tr>
</table>

※1 消費税等の税率10%が適用される住宅用家屋等の新築等の場合。改正後は消費税等による区別はないため「新築住宅等」と記載しているが改正前と大きな差異はない。
※2 上記の記載は2022年1月～2023年12月に居住開始の場合。2024年以降の居住開始は最大控除額等は減少するほか、適用対象が一部限定される。
※3 消費税等の税率10%で取得し、所定の期間に契約・入居した場合には13年間の控除期間となり、最大控除額が新築認定住宅は600万円、新築一般住宅は480万円となる。

（文責：辻・本郷税理士法人）

6 賃上げ税制の抜本的な改正

1．賃上げ税制とは　～賃上げをした場合の税制優遇～

賃上げ税制とは，従業員に対して賃上げをした場合の税制優遇措置です。2013年から始まった税制で，役員以外に給与を支払っていれば適用可能性があるため，大企業から中小企業まで，非常に多くの企業に関係する税制です。

2．2022年度税制改正の概要

税制改正で毎年のように調整がされてきた税制ですが，2022年度税制改正では，税額控除率を上乗せするための要件が緩和されるとともに，控除率が引き上げられ，適用期限も1年延長されました。

中小企業者等（主に資本金1億円以下の法人）を例にすると，①給与等支給額（賞与を含む支給総額）が前年比1.5%以上増加した場合には控除率が15%となり（基本），②給与等支給額が前年比2.5%以上増加した場合には控除率が15%，③教育訓練費が前年比10%以上増加した場合には控除率が10%，それぞれ上乗せされます。

これらの組み合わせにより，最大40%の控除を受けることができるようになりました（大企業は，最大30%の控除です）。

いずれの場合も，法人税額の20%が控除限度額となりますので，注意が必要です。

この改正は，2022年4月1日から2024年3月31日までに開始する各事業年度に適用されます。

3．従来の制度との比較

中小企業者等を前提として，2022年度改正前後の内容を比較すると，以下のようになります。

	改　正　前	改　正　後
適用要件	給与等支給総額が前年度比1.5%以上増加	変更なし
税額控除の対象	前期との給与総額の差額	変更なし
税額控除率（基本）	15%	15%
税額控除率（上乗せあり）	25%	最大40%
上乗せのための要件	①教育訓練費の対前年比10%以上増加 ②中小企業等経営強化税制による経営力向上の証明	①給与総額2.5%以上増加（控除率15%上乗せ） ②教育訓練費10%以上増加（控除率10%上乗せ）

4．上乗せ措置の適用を受けるには

上乗せ措置の適用を受ける場合には，控除率が最大40%まで増加します。

給与等支給額については，支給総額2.5%以上増やす必要があります。これには，元々在籍する従業員の給与が増加した場合だけではなく，新規雇用により支給総額が増加した場合も含まれます。

給与訓練費については，従業員への社内教育費を10%以上増やせばよいという意味ですので，比較的満たしやすい要件であると考えられます。

以前は，中小企業等経営強化税制に基づく経営力向上計画の証明を受けることが上乗せ措置適用の要件の一つにありましたが，2022年税制改正でこの要件が廃止されました。

国から企業に対する賃上げと人への投資の要請に応えれば，より大きな優遇が受けられる制度であるといえるでしょう。

年度ごとに給与・賞与に強弱を付けると有利になる仕組み

ご提案のポイント

改正後の賃上げ税制は「前期との差額」をベースに税額控除額を決めています。そのため，毎期安定して昇給させる形で給与を支給するよりもボーナスの支給額・時期を偏らせる形をとった方が結果的に通算での税額控除額が増えるという現象が起きます。

下記の例示では，4年間合計で支給している給与等が同じ46億円にも関わらず，結果的に通算での税額控除額は3倍以上の差が付いています。事業年度ごとに給与・賞与の強弱を付けた方がより有効に適用を受けられる税制であることが分かります。

所得拡大促進税制（中小企業者等）：総額46億円の給与をどう配分するか

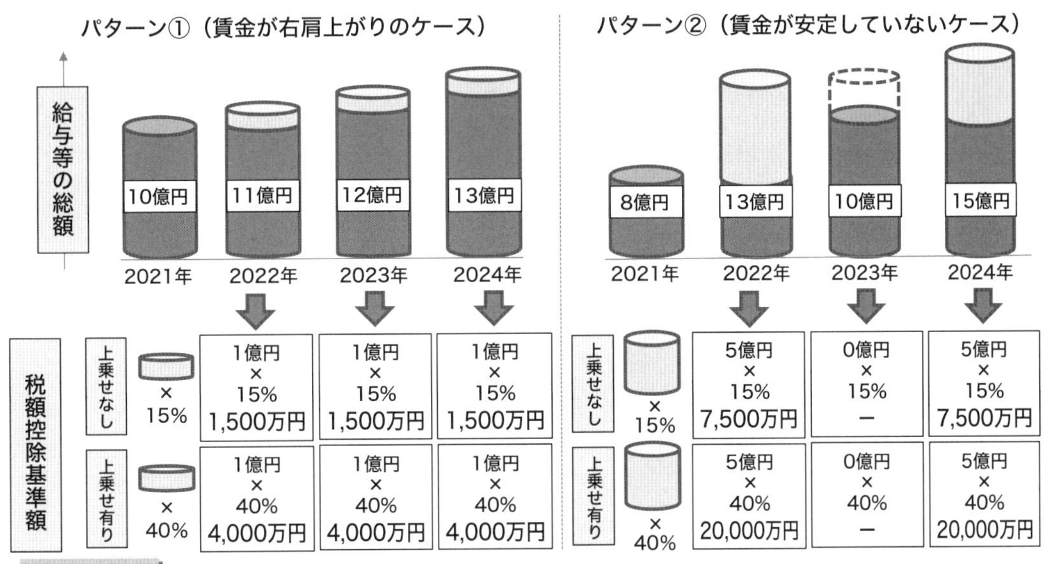

留意点　実際の税額控除額は各期の法人税額の20%が上限となります。

実際の給与施策は税制優遇を受けるためにボーナスや昇給のタイミングを歪めるべきものではありません。また，これまでも毎年のように改正されてきた税制であることから，今後も税制改正で調整が行われる可能性はあります。しかし，「利益が出る期に従業員に還元することを推奨」している税制であるということは間違いありません。たとえば，赤字の期の後に大きな黒字の期が来た場合などは，決算が締まる前に決算賞与などで従業員に還元されることを検討されてみてはいかがでしょうか。

（文責：辻・本郷税理士法人）

7 中小企業投資促進税制では特別償却と税額控除のいずれが有利か

1．概要

機械装置等の対象設備を取得（または製作）した場合に，特別償却または税額控除のいずれかを選択適用できます。

2．適用要件

(1) 対象者

	生産性向上に資する一定の設備以外	
	特別償却	税額控除
①個人事業主 ②資本金3,000万円以下の中小企業者	30％	7％
資本金3,000万円超1億円以下の中小企業者等	30％	適用なし

※対象業種は，一定の指定事業（娯楽業，風俗営業等を除く）

※中小企業者等とは農業協同組合等および資本金が1億円以下の法人をいい，大規模法人（①資本金・出資金が1億円を超える法人②資本金・出資金を有しない法人で常時使用する従業員数が1,000人を超える法人で投資育成会社を除く③大法人（資本金の額または出資金の額が5億円以上の法人，相互会社及び外国相互会社のうち，常時使用する従業員の数が1,000人を超える法人，受託法人）との間にその大法人による完全支配関係がある法人④100％グループ内の複数の大法人に発行済株式または出資の全部を直接または間接に保有されている法人（③に掲げる法人を除く））に発行済株式・出資総数の2分の1以上を所有されている法人，および2以上の大規模法人に発行済株式・出資総数の3分の2以上を所有されている法人を除く。また，資本金・出資金を有しない法人については常時使用する従業員数が1,000人以下の法人をいう。

※税額控除は，当期の法人税額の20％が限度

(2) 対象資産

適用期間	2019年4月1日から2023年3月31日までに取得
機械装置	すべて（1台160万円以上）
工具	測定・検査工具（複数台計120万円以上）
ソフトウェア	複数基計70万円以上
貨物自動車	車両総重量3.5 t以上
内航船舶	取得価額の75％

※対象資産は，新品のものに限る（中古資産は適用対象外）

※複数台計および複数基計とは対象になる資産の取得価額が，1台あたり30万円以上のものの合計額をいう。

(3) 適用事業年度

対象資産を取得し，稼働した日の属する事業年度（※決済日は問わない）

3．2022年度税制改正のポイント

○対象となる指定事業の追加：イ．不動産業，ロ．物品賃貸業，ハ．料亭，キャバレー，ナイトクラブその他これらに類する事業（生活衛生同業組合の組合員が行うものに限る。）

○対象となる法人の追加：商店街振興組合

○対象資産から除外：匿名組合契約等の目的である事業の用に供するもの

特別償却または税額控除の選択適用

ご提案のポイント

中小企業投資促進税制は，特別償却または税額控除の選択適用となります。税額控除は税額を減額する制度であり，特別償却は納税を繰り延べる制度です。

したがって，毎期，法人税等の納税が生じる法人であれば，税額控除を選択するほうが，長い目で見た場合に有利となります。ただし，特別償却を選択することにより，設備投資の資金を早期に回収する効果が期待できます。

また，設備投資をした事業年度の翌事業年度以降，納税が生じない見込みの法人の場合には，税額控除の控除限度超過額の繰越しは1年間となっている関係から，特別償却が有利となります。

〈前提条件〉

・資本金 3,000 万円

・新品の機械装置 200 万円を購入

(1) 特別償却を適用する場合

取得価額（200 万円）の 30％特別償却

なお，特別償却の適用に代え，特別償却準備金として損金経理または剰余金の処分により積立てをすることも可能です。

(2) 税額控除を適用する場合

200 万円 (取得価額) × 7 ％＝ 14 万円

なお，法人税額の 20％が限度となります。

（文責：辻・本郷税理士法人）

8 オープンイノベーションを促進するための税制措置の創設

1．概要

新しい技術・ノウハウを持つ一定のベンチャー企業への出資に対し，出資の一定額の所得控除を認める措置が新たに設けられました。法人住民税および法人事業税についても同様の取り扱いとなります。

2．税制優遇の内容

対象法人が特定株式を取得し，取得日を含む事業年度末まで有している場合において，取得価額の25%以下の金額を特別勘定として経理したときは，その事業年度の所得金額を上限に，その経理金額を損金算入することができます。

3．実務上の留意点

取得日から5年（取得日が2022年4月1日以降の場合は3年）以内に特定株式を譲渡等した場合には，事由に応じた金額を益金に算入しなければなりません。

4．適用時期

2020年4月1日から2024年3月31日までの間に特定株式を取得し，一定の要件を満たした場合に適用されます。

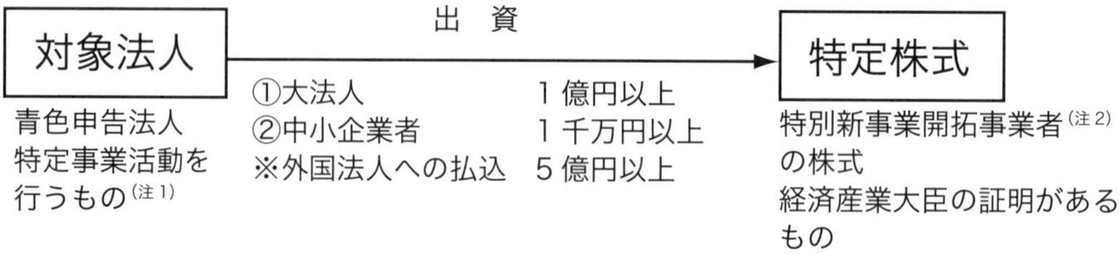

対象法人 ―出資→ 特定株式

対象法人	出資		特定株式
青色申告法人 特定事業活動を行うもの(注1)	①大法人 ②中小企業者 ※外国法人への払込	1億円以上 1千万円以上 5億円以上	特別新事業開拓事業者(注2)の株式 経済産業大臣の証明があるもの

（注1）自らの経営資源以外の経営資源を活用し、高い生産性が見込まれる事業を行うことまたは新たな事業の開拓を行う事を目指す株式会社等

（注2）産業競争力強化法の新事業開拓事業者で、特定事業活動に資する事業を行う内国法人（既に事業を開始している設立後10年未満のもの（一定の要件を満たした場合は設立後15年未満））、これに類する外国法人

5年以内に特定株式を譲渡等した場合は益金算入

ご提案のポイント

対象法人が特定株式を取得日から５年（一定の場合は３年）以内に特定株式を譲渡等した場合には，事由に応じた金額を益金に算入しなければなりません。

特定株式の取得価額の25％以下の金額を特別勘定の金額として経理することを前提に，その経理した金額の合計額の損金算入が認められます。

ただし，特定株式の取得日から５年以内（取得日が2022年４月１日以降の場合は３年以内）に限り，次に掲げる事由が生じた場合には，特別勘定を取り崩し，益金算入する必要があります。

・特定株式につき経済産業大臣の証明が取り消された場合
・特定株式の全部または一部を有しなくなった場合
・特定株式につき配当を受けた場合
・特定株式の帳簿価額を減額した場合
・特定株式を組合財産とする投資事業有限責任組合等の出資額割合の変更があった場合
・特定株式に係る特別新事業開拓事業者が解散した場合
・対象法人が解散した場合
・特別勘定の金額を任意に取り崩した場合

（文責：辻・本郷税理士法人）

9　中小企業事業再編投資損失準備金制度の創設

1．制度の概要

2021年度税制改正により，中小企業の経営資源集約化による事業再構築などを促進し生産性を向上させ中小企業の足腰を強くするため，経営力向上計画の認定を受けた中小企業が行うＭ＆Ａにつき潜在的なリスクに備えるための準備金積み立てについて損金算入を認める措置を講じることとなります。

また，併せてＭ＆Ａ後の投資促進・雇用確保を支援するため中小企業経営強化税制・所得拡大促進税制の活用もできることとされます。

2．取扱い

中小企業者である青色申告法人が，国からの経営力向上計画の認定を受け，他の法人の株式等を取得した場合は，その株式等の価格低落による損失に備えるため，株式等の取得価額の70％以下の金額を中小企業事業再編投資損失準備金として積み立てたときは，その積み立てた金額は，その事業年度において損金の額に算入することができることとなります。

また，この損金の額に算入された金額については，原則として５年間の据置期間を経過した後に均等取崩しにより益金の額に算入されることとなります。

3．適用要件

	要件	内容詳細
①	計画認定	経営力向上計画の認定を受けること(注1)
②	株式取得	①の計画に従って行う事業承継等として他の法人の株式等を取得すること(注2)
③	継続保有	②により取得した株式等（以下「特定株式等」という。）をその取得事業年度終了日まで引き続き保有をしていること
④	取得価額	③の特定株式等の取得価額が10億円以下であること
⑤	損金経理	③の特定株式等の価格低落による損失に備えるため，特定株式等の取得価額の70％以下の金額を原則として損金経理により中小企業事業再編投資損失準備金として積み立てること(注3)

（注１）経営力向上計画の認定とは，産業競争力強化法等の改正法施行日から令和６（2024）年３月31日までの間に中小企業等経営強化法に定める経営力向上計画について同法によるものをいう。

（注２）他の法人の株式等の取得は，購入による取得に限る。

（注３）損金経理については，損金経理以外に剰余金処分により積立金として積み立てる場合を含む。

課税の繰延べ効果

ご提案のポイント

①Ｍ＆Ａによる株式取得額の70％までを損金算入することができる
②据置期間経過後に①による損金算入額については均等取崩しにより益金算入される

1．株式の取得事業年度

【前提条件】

・青色申告法人であるＡ株式会社（中小企業者，以下「Ａ社」とする）は，経営力向上計画の認定を受けており，同計画に従ってＢ株式会社（以下，「Ｂ社」とする）に対するＭ＆Ａを実施しＢ社株式（取得価額10億円）を購入により取得している。

・Ａ社は，Ｂ社株式の取得日の属する事業年度において価格下落などによる損失に備えるため，その取得価額の70％を損益計算書において中小企業事業再編投資損失準備金（以下「損失準備金」とする）として損金経理をしている。

① 損失準備金制度を利用した場合

（損益計算書）	
売上	30億円
売上総利益	20億円
販管費	10億円
損失準備金	7億円
利益	3億円

（法人税申告書）	
利益	3億円
加算調整	—
減算調整	—
所得金額	3億円
法人税額	0.9億円

※ 法人税額は、税率を30%として計算をしている。

② 損失準備金制度を利用しなかった場合

（損益計算書）	
売上	30億円
売上総利益	20億円
販管費	10億円
損失準備金	0億円
利益	10億円

（法人税申告書）	
利益	10億円
加算調整	—
減算調整	—
所得金額	10億円
法人税額	3億円

※ 法人税額は、税率を30%として計算をしている。

2．留意点

上記の①により制度を利用した場合は，５年間の据置期間経過後に原則５年間で均等取崩しにより各事業年度の益金の額に算入されることとなる。

10 株式等を対価とする株式の譲渡にかかる所得計算の特例(株式交付制度)

1．制度の概要

2021年度税制改正により，企業の機動的な事業再構築を促すことによるその構造変革の更なる推進・企業価値の更なる向上の観点から，自社株式を対価として買収の対象となる会社（以下「対象会社」という。）の株主から買収会社の株式等の交付を受けた場合には，その株式等の譲渡による損益について株主への課税を繰り延べる措置を恒久的に講じることとなっています。

2．取扱い（対象会社株式にかかる譲渡損益の繰延べ）

買収会社が，会社法に定める株式交付制度により自社株式を対価とするM＆Aを行った場合において，対象会社株主（法人及び個人）から交付を受けた対象会社株式の譲渡にかかる損益については，対象会社株主の課税を繰り延べることとしています。

なお，対価については自社株式と金銭等を交付するいわゆる混合対価であったとしても本制度による課税の繰延べの対象に含まれますが，その場合の金銭等が混合対価の合計額に占める割合は20％以下であるものに限るとされます。

3．株式交付制度の概要

株式交付制度は，2021年に施行された改正会社法によって定められており，買収会社が対象会社をその子会社とするために対象会社株主よりその株式を譲り受け，譲渡をしたその株主にその株式の対価として買収会社株式を交付することをいいます。その目的は①大規模なM＆Aの促進，②新たな産業・企業の育成を進めることにあるとされています。

【株式交付制度の概要】

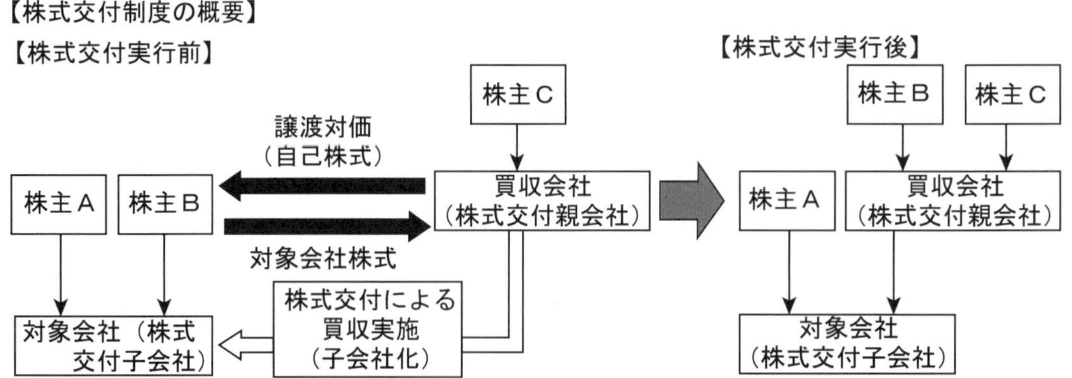

株式交付制度の導入

―― M&Aの新たな選択肢である子会社化のための企業買収を税制面から支援 ――

ご提案のポイント

①買収の対象となる会社（以下「対象会社」という）の株主は，株式交付制度による株式譲渡による譲渡益につき課税繰延べをすることができる。

②買収会社については，いわゆる混合対価の場合にも対象会社の株主の課税繰延べが認められるため，対価の柔軟性と売り手とのシナジー効果を得ることができる。

株式交付制度のメリット

① 株式交換制度においては完全子会社化が前提となるため，株式交付制度によることで子会社化（50%超）のための取得についても税制上の課税繰延べ制度を活用することができることとなること。

② 買収会社にとって対価の選択に柔軟性が生まれることから資金調達の負担を軽減することができること。

【株式を対価とするM&Aの制度比較】

	株式交付制度	株式交換制度
買収会社	内国法人である株式会社	内国法人である株式会社、合同会社
対象会社（被買収会社）	内国法人である株式会社 ※外国法人は適用外	内国法人である株式会社 ※外国法人は適用外
対象会社（被買収会社）株式の取得範囲（注1）	部分取得できる ※子会社化（50%超）のための取得に限る	全部取得に限る
子会社株式の追加取得（注1）	できない	できる
対象会社（被買収会社）株主への課税 （注2）、（注3）	【対価80%以上が自社株式】 課税繰延べ	【適格株式交換】 課税繰延べ
	【上記以外】 課税	【非適格株式交換】 課税

（注１）対象会社の取得範囲は、株式交換制度によると100%の完全子会社化を前提としているのに対し、株式交付制度は50%超の子会社化のため部分取得をすることができる。ただし、既に子会社となっている会社の出資割合を引上げる、持分法適用をするために出資をする場合などについては適用されない。

（注２）適格株式交換については、対価のすべてが原則株式であることが課税繰延べの税制上の要件の一つとなるが、株式交付はいわゆる混合対価であっても課税繰延べの対象となる。

（注３）譲渡損益の繰延べは、混合対価の合計額のうち買収会社の自社株式の価額が80%以上である場合に限る。また、課税の繰延べの対象となる金額は自社株式の価額に対応する部分に限る。

11 中小企業経営強化税制の活用

1．中小企業経営強化税制とは

従来，中小企業向けの設備投資減税については，主に中小企業投資促進税制が存在し，特に生産性向上設備投資促進税制の要件も重複して満たす場合には，「上乗せ措置」として通常よりも大きな税制優遇措置(即時償却または税額控除10%など）を受ける事が可能でした。

この「上乗せ措置」部分が，要件（対象・業種・対象資産・手続など）の範囲が大幅に変更された「中小企業経営強化税制」へと改組されることとなりました。

2017年4月以降に取得等した固定資産について適用されることとなります。

また，基本的に大法人（資本金1億円超，大法人との間の支配関係などがある法人）は対象となりません。

2．税制優遇の内容

下記の2つのうちから選択適用できます。

①即時償却

設備等の取得初年度に全額を減価償却費として損金算入でき，最初の年の法人税等が安くなります。代わりに2年目以降は償却費がなくなるため，法人税等が少しずつ高くなります。継続して利益が出る企業を前提とするのであれば，結果的に無利息で取得価額×税率分の借金をした場合に酷似した効果があります。

②税額控除

資本金が3,000万円以下なら取得価額の10%，3,000万円超なら7%の税額控除を受けられます。単純に税金が安くなり，税額控除率も設備投資系の税制優遇の中では最大のものとなります。

また，地方税についても法人税と連動して安くなります。

3．2022年度税制改正のポイント

特定経営力向上設備等の対象に計画終了年度に修正ROA（ROA＝総資産利益率）または有形固定資産回転率が一定以上上昇する経営力向上計画を実施するために必要不可欠な設備が加えられました。

税制メリットを活かした設備投資

ご提案のポイント

中小企業経営強化税制は，特別償却または税額控除を選択適用できる制度ですが，設備の取得と手続きを同一年度中に完了する必要があり，タイムスケジュールの確認が必要です。

1. 要件

中小企業経営強化税制の主な要件としては，下記の通りとなります。

①経営力向上計画の認定を受けた青色申告書を提出する中小企業者等であること

②指定事業の用に供される機械装置，工具，器具備品，建物附属設備またはソフトウェアを取得等すること

③生産性向上設備（A 類型），収益力強化設備（B 類型），事業プロセスのア．遠隔操作，イ．可視化，ウ．自動制御化のいずれかを可能にするデジタル化設備（C 類型），または修正 ROA または有形固定資産回転率が一定以上上昇する経営資源集約化設備（D 類型）に該当すること

④一定の金額以上のもの

⑤経営力向上に著しく資する一定のもので，その法人の認定を受けた経営力向上計画に記載されていること

2. 具体的な手続

上記資産 A 型～ D 型のうち，どの資産に該当するかでその手続き内容は異なります。

ここでは，簡略的に紹介いたしますので，詳しくは中小企業庁のホームページ等をご確認いただきスケジュールに遅れが出ないようお気を付けください。

・生産性向上設備（A 類型）の場合

手順①：設備購入先の事業者に工業会証明書の発行を依頼

手順②：計画申請書およびその写しに工業会証明書の写しを添付し，担当省庁に提出

手順③：担当省庁から認定を受けた経営力向上計画に基づき経営力向上設備等を取得し事業の用に供する

手順④：税制上の優遇措置を受けるため，税務申告時に一定の書類を添付し申告

・収益力強化設備（B 類型）と経営資源集約化に資する設備（D 類型）の場合

手順①：申請書に必要事項を記載し公認会計士または税理士から事前確認を受け，事前確認書を取得する

手順②：経済産業局に申請書および事前確認書等を添付し，確認書発行申請を行う

手順③：担当省庁に計画申請書等を添付し計画申請を行う

手順④：担当省庁から認定を受けた経営力向上計画にに基づき経営力向上設備等を取得し事業の用に供する

手順⑤：税制上の優遇措置を受けるため，税務申告時に一定の書類を添付し申告

手順⑥：認定計画後，定められた期間において状況報告を提出

・デジタル化設備（C 類型）の場合

手順①：申請書に必要事項を記載し認定経営革新等支援機関から事前確認を受け，事前確認書を取得する。

手順②：経済産業局に申請書および事前確認書等を添付し，確認書発行申請を行う

手順③：担当省庁に計画申請書等を添付し計画申請を行う

手順④：担当省庁から認定を受けた経営力向上計画に基づき経営力向上設備等を取得し事業の用に供する

手順⑤：税制上の優遇措置を受けるため，税務申告時に一定の書類を添付し申告

(注 1) 経営力向上設備等については，経営力向上計画の認定後に取得することが原則です。例外として設備を取得した後に経営力向上計画を申請する場合には，取得日から 60 日以内に経営力向上計画が受理される必要があります（D 類型については例外の適用はありません)。

(注 2) 設備の取得の事業年度と事業の用に供する事業年度は同一の事業年度になります。

(注 3) 新型コロナウイルスの長期化から 2021 年 8 月 2 日以降については手続きに一定の特例があります。

(注 4) 上記手続きを行った場合においても税務の要件を満たさないときは，税制上の優遇措置の適用が受けられませんので注意が必要です。

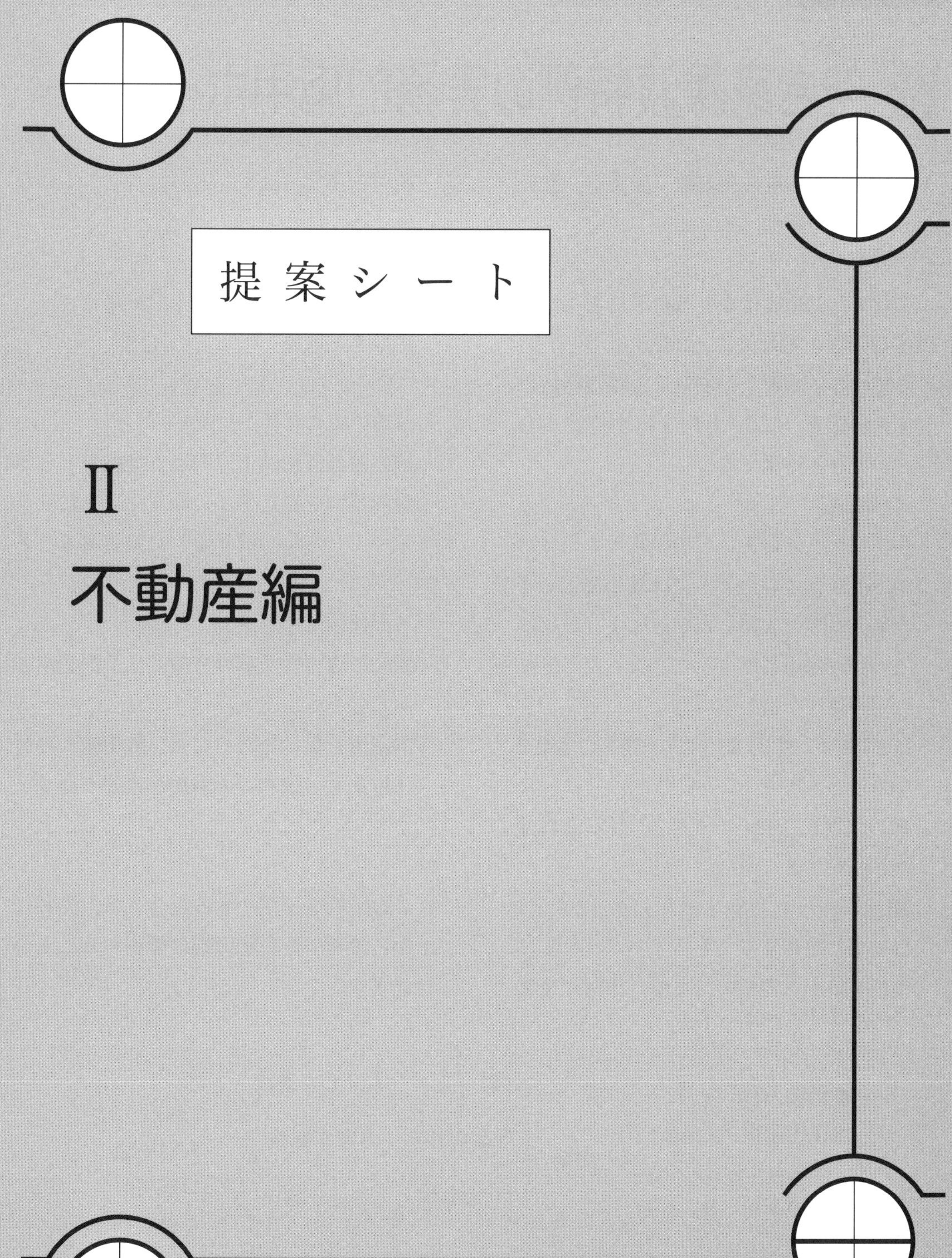

提案シート

II 不動産編

12 空き家譲渡特例の実務的応用ポイント

1．被相続人の居住用財産（空き家）を売った場合の特例

① 概要

相続または遺贈により取得した被相続人居住用家屋・敷地等を，2023 年 12 月 31 日までの間に譲渡した場合に，譲渡所得の金額から最高 3,000 万円を特別控除することができる特例です。

② 適用要件

・相続開始直前において被相続人の居住の用に供されていたこと又は被相続人が老人ホーム等に入居したことにより被相続人の居住の用に供されなくなったことで一定の要件を満たす場合
・2023 年 12 月 31 日までの期間に売却をすること
・その建物が 1981 年 5 月 31 日以前に建築されたこと
・相続があった日から 3 年目の 12 月 31 日までに売却すること
・相続の時から売却の時まで，事業用での使用・住む・貸すなどの行為をしていないこと
・区分所有建物でないこと
・相続等より被相続人居住用家屋および，敷地等を取得したこと

＜譲渡の際の要件＞
・譲渡対価の額が 1 億円以下であること
・耐震基準を満たすか，満たすようにリフォームするか，取り壊して譲渡すること

＜その他のポイント＞
・相続の取得費加算の特例とは選択適用であること
・本適用を受けるためには，被相続人の居住用家屋の謄本等の書類が必要となります

この特例を適用できる場合には，売却にかかる譲渡所得税を大幅に節税することができます。

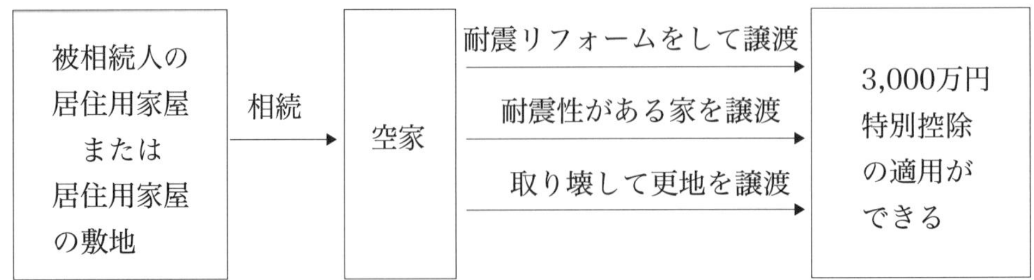

被相続人の空き家売却特例の活用方法

── 空き家譲渡特例の応用 ──

ご提案のポイント

・相続で取得した利用意思のない物件を現金化する際にかかる税金を大幅に減らせる
・共有の場合には，共有者の人数× 3,000 万円の控除を受ける事が可能
・相続の遺産分割協議の際に問題になりやすい不動産の分割を容易に行うことができる

〈前提条件〉

・母親に相続が発生，空き家譲渡特例の要件は全て満たしているものとする
・相続人は子供が３人。それぞれ持ち家がある
・主たる財産は被相続人が１人で居住していた物件のみであり，相続人の中に相続後にこの物件を利用する意思のある者はいない
・建物は長期保有，売却価格は 9,900 万円と見込まれる
・取得費は 900 万円，取壊し・譲渡等の処分費用は 300 万円，物件にかかる相続税額は各相続人が 300 万円ずつとする
・不動産取得税・登録免許税・その他税制等は考慮しないものとする

イメージ図

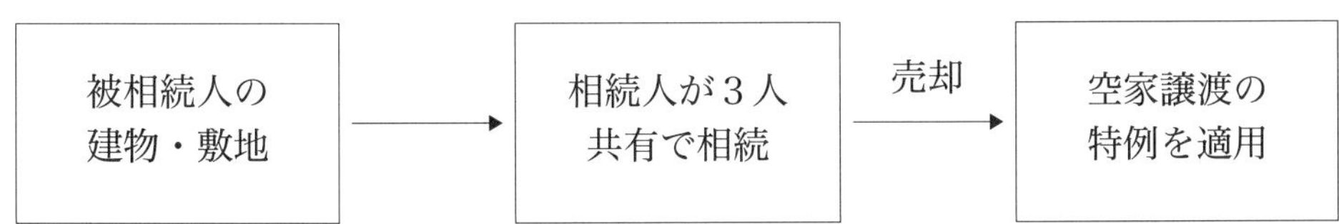

・１人で相続し，本特例を適用せず，売却した場合の税額
（9,900 万円－ 900 万円－ 300 万円）× 20.315％＝ 1,767 万円
・１人で相続し，本特例を適用して売却した場合の税額
（9,900 万円－ 900 万円－ 300 万円－ 3,000 万円）× 20.315％＝ 1,157 万円
・３人共有で相続し，本特例を適用せず，売却した場合の税額
（3,300 万円－ 300 万円－ 100 万円）× 20.315 ％× ３ 人分＝ 1,767 万円
・３人共有で相続し，本特例を適用して売却した場合の税額
（3,300 万円－ 300 万円－ 100 万円－ 3,000 万円）× 20.315％× ３人分＝０万円

３人共有として本特例を適用することにより，3,000 万円の控除額を人数分だけ利用できるため，相続物件を無税で現金化する事が可能です。

１人当たりの相続税 300 万円と処分費用 100 万円を支払ったとしても，それぞれが 3,000 万円近い現金が手残りするため，誰も損をする事がなく，分割協議をスムーズに進めることができます。

また，仮にこの制度を活用せず，売却もしないという前提であれば，この物件を誰が取得するのかおよび相続後はどう運用するのかという点で相続人同士に利害関係が発生するため，分割協議がまとまらず，場合によっては人間関係が悪化し，トラブルに発展する可能性もあります。

そうした事態を避ける有力な選択肢として，分割協議時にこそ大きな効力を発揮する税制と言えるでしょう。

（文責：辻・本郷税理士法人）

不動産売却時の実務処理（取得価額算定・必要書類等）

個人所有の不動産を譲渡した場合には，基本的に下記のような形で税額計算が行われます。

①収入金額－（取得費（※）＋譲渡費用）－特別控除額＝課税譲渡所得金額

②課税譲渡所得金額×税率＝納税額

（※）取得費がわからない場合には，取得費の額を売った金額の５％相当額とすることができます。

言葉では分かりにくいので次の例で見てみましょう。

【A　取得時の資料がある場合】

甲さんは15年所有していた土地を売却。

・収入金額：売却額　10,000万円

・取得費：9,000万円（15年前の取得時の資料より）

・譲渡費用：仲介手数料等　1,000万円

・特別控除額：なし（要件満たさず）

・税率：20.315％

①課税譲渡所得金額…10,000万円－(9,000万円＋1,000万円）－０＝０円

②納税額…０円×20.315％＝０円

【B　取得時の資料がない場合（原則）】

甲さんは15年所有していた土地を売却。

・収入金額：売却額　10,000万円

・取得費：なし（15年前の資料が見当たらない）

・譲渡費用：仲介手数料等　1,000万円

・特別控除額：なし（要件満たさず）

・税率：20.315％

①課税譲渡所得金額…10,000万円－（500万円(※)＋1,000万円)－０＝8,500万円

（※）10,000万円×５％（注１）＝500万円

（注１）売却価額の５％を取得費とする概算取得費といわれる簡便的な計算方法

②納税額…①×20.315％＝1,726万円

上記のＡとＢの違いは取得費の計算の元となる資料があるかないかという１点のみです。たったそれだけの違いで納税額に1,700万円もの差額が生まれています。具体的に取得費の元となる資料としては下記のものが挙げられます。

・売買契約書，重要事項説明書等

・取得時の必要経費の請求書，領収書等

・不動産の謄本等

特に重要なのは売買契約書です。現実には複数の土地と建物を同時に購入しており，必要経費等と一緒に精算を行い，領収書が保存されていても，その支払金額の内訳が不明なケースも多くあります。売買契約書には不動産の購入金額は記載されていますので，必ず保存しておきましょう。

（文責：辻・本郷税理士法人）

13 不動産譲渡損益の通算

1．損益通算不可能に

不動産の売却損が他の所得と損益通算できなくなりましたが，他の土地，建物等の売却益とは通算することができます。

譲渡所得でも株式やゴルフ会員権，絵画等の譲渡益との通算はできません。

2．居住用不動産の特例

居住用不動産（自宅）の売却損については，次の２つの場合に限り，損益通算および翌年以降３年間の繰越控除が認められます。

① 自宅買換の場合で一定の要件(※)を満たすもの

② 特定居住用財産の売却損

自宅買換をせず，自宅を売却しても住宅ローンを完済しきれない場合に，売却損失のうちその残債部分の金額について適用となります。

※以下のすべてを満たす場合。

ア．売却資産の用件

i）譲渡年の１月１日において所有期間５年超で 2004 年１月１日～2023 年 12 月 31 日までの譲渡（ただし親族等への譲渡は除く）

ii）売却資産のうち，敷地については 500㎡までの部分について適用（500㎡超の部分の売却損は適用外）

イ．買換資産の要件

売却した年の前年１月１日から翌年 12 月 31 日までに取得し，取得年の翌年末までに居住すること。また，居住用部分の床面積は 50㎡以上とすること。適用を受ける年末において一定の住宅借入金等の残高があること。

ウ．所得要件

合計所得金額が 3,000 万円以下である年分について適用。

3．土地・建物等の譲渡所得との通算

売却損が他の所得と損益通算できなくなりましたが，他の土地，建物等の売却益とは通算することができます。

4．空家にかかる譲渡所得の特別控除の特例

空家の発生を抑えるため，相続により生じた空家の譲渡に特別控除の特例措置が創設されました。

相続時から３年を経過する日の属する年の 12 月 31 日までに被相続人の居住の用に供していた家屋を相続した相続人が当該家屋または建物の取壊し後の土地を譲渡した場合には，当該家屋または除却後の土地の譲渡益から 3,000 万円を控除することができます（詳細は12を参照）

5．今後の対応

(1) 同一年に譲渡

売却損が生じる同じ年に，古くから所有していたもの，相続で取得したものなど利益の生じるものの売却を検討します。

(2) 不動産賃貸会社の活用

譲渡損の通算不可は個人に対する課税であり，法人については影響を及ぼすものではありません。今後の賃貸物件の取得や利益の出る物件の売却は，自分の不動産賃貸の会社を活用（設立）することが考えられます。

不動産の譲渡損と益は同一年に実現

―― 損と益を通算して税負担を減少 ――

ご提案のポイント

一定の要件を満たす居住用不動産以外の土地・建物の売却損は他の所得との通算ができません。そこで，損の生じる不動産を売却した同じ年に，益の出る土地・建物等を売却して，譲渡課税が生じないように損を有効に活用します。

賃貸用土地・建物の売却により1,500万円の損が生じた場合，他の益の出る土地・建物を違う年と同一年に売却したときの税金は次のようになります。

〈前提条件〉

① 個人の不動産所得　2,000万円
② 賃貸土地・建物の売却損　1,500万円
③ 個人所有（相続取得）の更地売却益　2,000万円

（単位：万円）

	違う年に譲渡		同一年に譲渡
不動産所得	2,000	（注）	2,000
譲渡所得			
賃貸用物件	△1,500		△1,500
更地		2,000	2,000
譲渡所得　計	0 （譲渡損は切捨て）	2,000	500
所得控除	200	（注）	200
税額（所得税・住民税）	629	406	731
税額　合計	1,035		731

（注）２年目の不動産所得・所得控除は考慮しない
所得税には復興特別所得税を含みます

このように同一年に譲渡した場合には，譲渡損分（1,500万円）に対する税金20.315％＝304万円が節税になることになります。

（文責：辻・本郷税理士法人）

14 事業承継税制の特例
―2027年までの特例措置―

1．事業承継税制と新・事業承継税制（注）

事業承継税制とは，「非上場株式等の納税猶予」のことで，一言でいえば非上場会社のオーナーが，後継者に支配会社の持分を移動する場合の「贈与税」や「相続税」の負担を大幅に安くするための税制です。

業績好調な会社や財産規模の大きいオーナー会社の株式は税法上も高く評価され，結果的に多額の納税が発生しやすい傾向にあります。

その納税負担が次代の後継者への事業承継の弊害になると，将来的に日本の産業競争力を落とすことに繋がりかねません。そうした事態を防ぐために創設されたのが「事業承継税制」です。

しかし，従来の事業承継税制はその負担軽減の範囲が限定的である上に，適用を受けた後に従業員数を一定以上維持しなければならないなどの「継続要件」が厳しく，それほど使い勝手が良いとは言えない制度でした。

こうした不満に応える形で，2018年度税制改正では大幅な税負担減と要件緩和を行った「新」事業承継税制（特例）が創設されることになりました。

2．一般措置との比較

従来の制度と事業承継税制の特例には多くの違いがありますが，特に大きなポイントは下表のとおりです。

	事業承継税制（一般措置）	事業承継税制（特例）	特例の強み
対象となる株式の割合	後継者の支配力が３分の２に達するまでの株式（最大で約67％まで）	制限なし（最大100％）	対象株式に係る相続税や贈与税は全額が猶予
納税猶予率	80％	100％	
雇用要件（従業員数の８割維持）	５年平均で８割を切ると猶予が打ち切られる（納税負担が発生）。	５年平均で８割を切っても一定手続で猶予を継続（納税負担は発生しない）。	事実上，従業員数を意識する必要がなくなる（通常の事業運営をしていればよい）。
対象者（先代）	代表者かつ筆頭株主のみ	代表者や筆頭株主以外も対象	縛りが緩くなっているため，後継者への事業承継時に弾力的な対応ができる
対象者（後継者）	代表者かつ筆頭株主になること	株主上位３名までが対象（代表者かつ10％以上株主であること）	

3．手続きの流れ
～2024年３月までに計画を都道府県に提出することが重要～

事業承継税制（特例）を利用するには，一定の手続きが必要となります。

特に重要なのは，2024年３月までに特例承継計画を都道府県に提出し，都道府県知事の認定を受けることです。

現状は事業承継税制（特例）はあくまで期間限定の特例となりますので，この計画の認定を受けていない場合には適用を受けることはできません。

なお，この計画は期間内に提出することが重要で，仮に実行した事業承継の内容が計画の内容と異なっていたとしても，変更内容を記載した書類を提出することで事業承継税制（特例）の適用を受けることが可能です。

つまり，当初の計画どおりに実行しなければならないという縛りは存在しません。現段階ではこの計画には何の拘束力もありませんので，早い段階で税理士等の専門家に相談した上で，とりあえず計画の提出と認定までの手続を済ませておけば，経営者の急な死亡などの不測の事態の際に短い手続き期限の中でも税制優遇を受けやすくなると考えられます。

事業承継税制（特例）の活用には手続きの確認等が必要

ご提案のポイント

事業承継税制（特例）は従来の事業承継税制に比して継続要件などが緩和されており，かつ，納税猶予額の枠も拡大されたことから大幅な贈与税や相続税の負担軽減を受けることができます。この新制度の適用を受けるためには，特例承継計画の提出と都道府県知事の認定などの手続きの確認が必要となります。

【事例】

①株式会社A社の代表者（かつ100％株主）である甲につき相続が発生しており，A社株式100％は後継者の乙がそのすべてを相続により取得している。

②A社株式の相続税評価額は18億円であり，課税される相続税の税率は50％とする。また，相続税の基礎控除額や他の相続人や財産債務などについては考慮しないものとする。

③特例承継計画を都道府県に提出して既にその確認を受けている。また，相続開始後8カ月以内に都道府県知事の認定申請がされている。

A社株式に係る乙の相続税の納税猶予額を概算で計算すると下表のとおりとなります。

	①課税額	②納税猶予額	③実際の納税額（①―②）
事業承継税制適用なし	18億円×50％＝9億円	0円	9億円
従来の事業承継税制適用あり		9億円×2/3（約67％）×80％＝4.8億円	4.2億円
新・事業承継税制適用あり		9億円×100％×100％＝9億円	0円

・事業承継税制（特例）の適用を受けることにより同制度適用なしの場合に比して▲9億円の相続税の負担軽減効果が生じます。

・従来の事業承継税制の適用を受けた場合には，雇用要件があるため猶予の適用が打ち切られ納税が発生する場合がある使い勝手の悪さがありましたが，新・事業承継税制では同要件を満たすことができない場合であっても一定の手続きをすることにより猶予の適用が継続できます。

・事業承継税制（特例）の適用を受けるためには2024年3月までに特例承継計画を提出し，都道府県知事の確認を受ける必要があります。実際に相続等により株式の移動が実行された場合には8カ月以内に認定申請を要しますし，適用を受けた後も税務署や都道府県に一定の書類を提出しなければならないので税理士等との緊密な連携を要します。

（文責：辻・本郷税理士法人）

15　収用による課税の有利な選択

1．収用等の課税関係

土地・建物等の資産が，土地収用法等の法律に基づき，収用されて譲渡した場合には，納税者の選択により①5,000万円の特別控除，または②代替資産の取得の特例，のいずれかの適用を受けることができます。

2．収用等の特例の選択

(1) 5,000万円の特別控除

公共事業の施行者から，その資産について最初の買取り等の申し出を受けた日から6カ月以内に資産を譲渡し，代替資産の取得の特例の適用を受けていない場合には，その資産の譲渡益から5,000万円を控除することができます。

(2) 代替資産の取得の特例

個人の資産が公共事業等により収用された場合に，その補償金等の全部または一部に相当する金額をもって，その収用等のあった年の12月31日までに代替資産を取得し，または収用等のあった日から2年以内に取得する見込みであることにつき税務署長の承認を受けた場合には，代替資産の特例の適用を受けることができます。この場合の「補償金等の全部または一部に相当する金額をもって」とは，「実際に取得した補償金等を使って」というヒモ付きの意味ではありませんので，借入金によって代替資産を取得してもこの代替資産の特例の適用を受けられます。また，税金計算については，①補償金等の額が代替資産の取得（見積）価額以下であるときは，その譲渡はなかったものとされ，②取得（見積）価額を超える場合，その超える部分の譲渡があったものとして税金計算することになります。一般的には譲渡益が5,000万円を超える場合は，代替資産の特例を受けた方が有利となります。

(3) 代替資産の範囲

①個別法…収用等された資産と同種の資産を代替資産として取得した場合に適用されます。たとえば土地を収用されて土地を取得したり，建物を収用されて建物を取得することです。

②一組法…土地と建物のように2以上の資産が一組となり同じ効用を有する資産も代替資産の対象となります。この「同じ効用」とは，居住の用，店舗または事務所の用，工場の用等です。また，居住用の土地・建物を収用等された者が，別に所有している土地の上に居住用の建物を建築し，それを代替資産の取得とすることもできます。

③事業継続法…事業用資産を収用等されて，事業用資産（減価償却資産，土地，土地の上に存する権利）を代替資産とすることもできます。この場合の事業には，事業に準ずる不動産の貸付も含みます。その資産が，居住の用と店舗または事務所に併用されていた場合は，そのいずれの用にも供されていたものとして取り扱うことができます。

譲渡益5,000万円超は代替資産を選択

── 5,000万円以内は特別控除が有利 ──

ご提案のポイント

5,000万円特別控除か代替資産の取得かの判断基準は，譲渡益がいくらかによります。譲渡益が5,000万円を超える場合には，代替資産の取得の方が有利となります。代替資産の取得にあたっては，個別法，一組法，事業継続法を十分に検討しましょう。

譲渡税のかからない代替資産取得の例

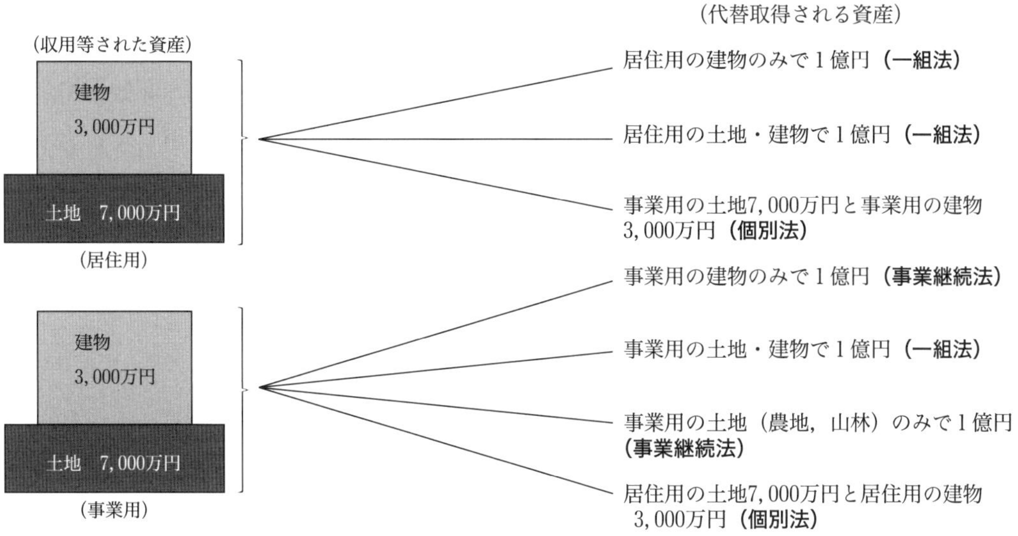

(収用等された資産)

建物 3,000万円
土地　7,000万円
(居住用)

(代替取得される資産)

- 居住用の建物のみで１億円（**一組法**）
- 居住用の土地・建物で１億円（**一組法**）
- 事業用の土地7,000万円と事業用の建物3,000万円（**個別法**）

建物 3,000万円
土地　7,000万円
(事業用)

- 事業用の建物のみで１億円（**事業継続法**）
- 事業用の土地・建物で１億円（**一組法**）
- 事業用の土地（農地，山林）のみで１億円（**事業継続法**）
- 居住用の土地7,000万円と居住用の建物3,000万円（**個別法**）

※店舗併用住宅の場合は，上記の居住用とすることも事業用とすることもできます。

(注) 5,000万円特別控除または代替資産の取得後においてもまだ譲渡益がある場合，税金計算は次のとおりです。

(譲渡に係る税率)

長期譲渡所得　　所得税15.315％，住民税５％

短期譲渡所得　　所得税30.63％，住民税９％

※所得税には，復興特別所得税を含みます。

(文責：辻・本郷税理士法人)

16 郊外から都心への事業用個人資産の買換え

1．事業用資産の買換えとは

事業用資産の買換えの特例は，個人が収入をあげている事業として使っている物件，例えば商店，事務所として自ら使っているものや貸アパート，貸マンションのように賃貸しているものなどを売却して，新たに別の物件を取得して事業（自らの事業や賃貸）の用に供した場合，その売却収入または買換資産の取得価額の70%～80%相当分については譲渡がなかったものとして，課税の繰延べができる制度です。

2．買換資産の取得価額と取得日

買換えを実行する場合の注意点として次の2点があげられます。

(1) 買換えはあくまで課税の繰延べにすぎない

買換えにより購入した物件の取得価額は，譲渡資産の取得価額を引継ぐために買換物件を売却する際は繰延べた譲渡益が実現することになります。

売却しない場合でも，土地を売却して買換資産として建物を取得した場合，売却した土地の取得価額を建物が引継ぐことになるため，毎年の減価償却が大変少なくなるのが通常です。結果的には，毎年の課税所得が高く，税負担が大きくなることになります。

(2) 買換物件の取得日は買換えた日となる

将来，その物件を売却する際の所有期間の判定は，買換日を起点として行います。

このため，買換物件を取得後短期（所有期間5年以内）で売却した場合，短期譲渡となり，繰延べた譲渡益が短期の高い税率で課されることになります。

譲渡資産の範囲	買換資産の範囲	圧縮割合	適用期限
国内にある所有期間10年超の土地等，建物，構築物 ※貸アパート，貸マンションも対象 （7号買換え(注)） (注)租税特別措置法65条の7第1項7号で規定された譲渡資産・買換資産の買換え	国内にある土地等，建物，構築物（地域制限なし） ※貸アパート，貸マンションも対象 制度延長にあたり，買換資産が土地等の場合の特例について，以下の要件を満たす土地等に対象が限定されました ① 事務所等の一定の建築物等の敷地の用に供されていること ② その面積が300㎡以上であること ③ 譲渡した土地等の面積の5倍以内	・地方※1から東京23区への移転→70% ・地方※1から首都圏近郊整備地帯等※2への移転→75% ・それ以外→80% ※1 東京23区および首都圏近郊整備地帯等を除いた地域 ※2 東京23区を除く首都圏既成市街地，首都圏近郊整備地帯，近畿圏既成都市区域，名古屋市の一部	2023年3月31日

都心への買換特例活用

── 良質な資産へのシフト ──

ご提案のポイント

郊外(注)の事業用資産から都心の事業用資産へ買換えることにより,

① 収益力のアップ

② 譲渡税の軽減

③ 小規模宅地等の評価減の有効活用（相続時）

を図ることができます。

（注）郊外とは「東京23区および首都圏近郊整備地帯等を除いた地域をいい，都心とは「東京23区」をいう。

〈前提条件〉

① 郊外の事業用資産売却価額　2億円

② 〃　取得価額　1,000万円

③ 都心の買換資産の取得価額　2億円

④ 取得に伴う諸経費　1,000万円

⑤ 事業用資産の買換特例適用　繰延割合70%

この場合，税金と諸経費で2,000万円程度の負担が生じますが，取得物件の利回りを10%とみれば，税金等を考慮しても2年程度で回収は可能です。

また，相続の際の土地評価においても，坪単価の高い都心の方が小規模宅地等の評価減（不動産賃貸の場合200㎡までの敷地について50%の減額）をより有効に活用することができます。

（単位：万円）

項　目	損　益	資　金
売却価額	20,000	20,000
取得費	▲ 1,000	—
売却所得	19,000	—
繰延金額	▲ 13,300	—
譲渡所得	5,700	—
所得税・住民税	▲ 1,157.9	▲ 1,157.9
買換資産の取得価額		▲ 20,000
諸経費		▲ 1,000
総合収支		▲ 2,157.9

※所得税には，復興特別所得税を含みます。

（文責：辻・本郷税理士法人）

17　土地売却益 1,000 万円の特別控除制度

1．特別控除制度の概要

個人または法人が，2009 年 1 月 1 日から 2010 年 12 月 31 日までの間に，国内の土地等を取得し，5 年超所有した後に，その土地を譲渡した場合には，その譲渡益から最大で 1,000 万円を控除できます。

注意点１　適用対象外の土地等

同制度創設当時の景気悪化により冷え込んだ不動産の需要喚起などを目的としていましたが，個人と法人を対象とする同制度は対象となる土地等に棚卸資産を含めておらず，居住用資産の譲渡益に係る 3,000 万円特別控除との併用ができないので留意する必要があります。

注意点２　親族や株主等からの取得は対象外

この特例では，個人については，配偶者や直系血族，それ以外の親族で生計を一にしている特別の関係にある者等からの取得，また相続や遺贈，贈与，交換，代物弁済および所有権移転外リース取引等による取得も対象外です。

また法人についても，その法人の株主や特殊な関係にある個人または法人等からの取得，合併や分割，贈与，交換，代物弁済等による取得も対象外となります。

注意点３　特例の適用の失念に注意

土地等の所有期間については，取得日の翌日から譲渡した日の属する年の 1 月 1 日において 5 年超を満たすこととしているため，2009 年取得分の譲渡時期は 2015 年以降，2010 年取得分については 2016 年以降となります。つまり，いつ売却してもこの特例を適用できるということです。

また，この特例では譲渡時期の期限が設けられていません。たとえば 20 年以上経過してから譲渡する場合には，特例の適用があることを失念しないように記録しておく必要があります。

2．特例適用土地売却の検討

もし，2009 年・2010 年に取得した土地をお持ちの方は，いくらの値がつくのか調べていただいたほうがよいかもしれません。

その土地は遊んでいる土地（遊休地）ではありませんか？ もしくは売却を検討されていませんか？

購入した価額よりも売却価額が 1,000 万円以上高くなっているようでしたら，この特例の適用を検討することをお勧めいたします。

2009年・2010年に買った土地の有効活用

ご提案のポイント

① 2009年・2010年に購入した土地があり，購入価額より売却価額が1,000万円以上高くなっているようでしたら，この特例の適用を検討することをお勧めします。

② 法人についても同様の制度があります。

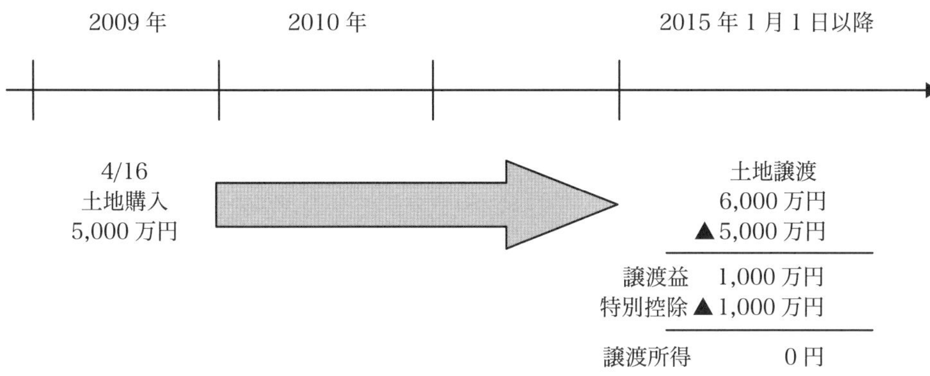

2009年1月1日から2010年12月31日までに買った土地を，5年超所有後，2015年1月1日以降に売却した場合，譲渡益のうち1,000万円までは課税されません。

上記の場合は，6,000万円の現預金が手元資金として残ることになります。

（文責：辻・本郷税理士法人）

18 居住用不動産売却損の繰越

1．不動産売却損の損益通算の廃止

土地，建物等の譲渡損について他の給与所得，事業所得等との通算及び翌年以降の売却損の繰越が原則認められません。

ただし，居住用の場合は一定の要件を満たすものについて，売却損を他の所得と通算すること及び翌年以降への損失の繰越が認められています。

2．自宅買換の場合の繰越控除

自宅売却損の他の所得との通算及び翌年以降３年間の損失の繰越控除は，売却資産に係る住宅ローンの要件が除外され，ローン完済後も適用可能です。要件は次のとおりです。

(1) 売却資産の要件

①所有期間５年超で1998年１月１日から2023年12月31日までの譲渡（ただし，親族等への譲渡は除く）

②売却資産のうち，敷地について500㎡までの部分について適用（500㎡超の部分の売却損の繰越控除は適用外）

(2) 買換資産の要件

自宅を売却した年の前年１月１日から翌年12月31日までに取得し，取得年の翌年末までに居住する，または居住する見込みであること。また，居住用部分の床面積は50㎡以上とすること。適用を受ける年末において買換資産に係る一定の住宅借入金等の残高があること。

(3) 所得要件（繰越控除）

合計所得金額が3,000万円以下である年分について適用。

以上の要件を満たす場合に限り，売却損の通算と繰越控除ができます。

3．特定居住用財産の売却損

自宅の買換でなく，単純な売却の場合でローンの残債が残る時にその残債部分について損益通算，３年間の繰越控除ができます。

(1) 売却資産の要件

所有期間５年超で2004年１月１日から2023年12月31日までの譲渡（親族等への譲渡を除く）

(2) 借入金要件

売却日前日に売却資産に係る一定の住宅ローン残高があること。

(3) 所得要件（繰越控除）

合計所得金額が3,000万円以下である年分について適用。

(4) 損失の金額

次の①，②のうちいずれか少ない方の金額。

①住宅ローン残債－売却価額

②売却損失（売却価額－取得費等）

このように，自宅売却をしてもローン完済ができない場合の制度であり，譲渡損があってもローン完済できる場合には適用となりません。

自宅の売却損で税金還付

── 売却損は３年繰越 ──

ご提案のポイント

自宅を売却して生じた売却損は，一定要件のもと，３年間繰越して使うことができます。税金軽減した分で，借入金の返済に充当することもできます。

自宅の買換えで，借入金の圧縮を検討してみて下さい。

〈前提条件〉

(1) 給与所得　1,800 万円（所得控除額 200 万円）

(2) 自宅売却損

① 取得価額 7,500 万円（売却時の簿価 7,200 万円）

② 売却価額　3,000 万円

③ 売却経費　100 万円

④ 売却損　4,300 万円

(3) 買換物件の取得価額　3,500 万円

３年間合計で，1,303 万円の税金軽減を図ることができます。この結果，1,300 万円超の借入金返済を進めることが可能となります。

（単位：万円）

項　目	売 却 年	翌　年	翌 々 年
給与所得	1,800	1,800	1,800
所得控除	—		▲ 200
売 却 損	▲ 4,300	—	—
繰越損失		▲ 2,500	▲ 700
課税所得	▲ 2,500	▲ 700	900
現状の所得税・住民税	542	542	542
売却後所得税・住民税	0	0	236
軽 減 額	542	542	306

※所得税には，復興特別所得税を含みます。

（文責：辻・本郷税理士法人）

19 保証債務の履行による譲渡所得税の軽減

1．保証債務の履行とは

保証債務とは，他人の債務に対して万一，債務者が債務履行できなくなった場合などに，債務者に代わって債務の履行をしなければならない保証人（または連帯保証人）としての債務をいいます。債務者が返済を予定どおり返済している限り，保証は潜在していますが顕在化することはありません。債務者が債務返済に支障をきたすようになると，保証人は債務者に代わって債務履行をしなければならなくなります。

2．原則的取扱い

保証債務を履行するため，保証人は債務者に代わって債務返済資金を準備しなければなりません。そのため保証人の所有する土地を売却して資金を用意した場合，土地売却に伴う譲渡所得税の負担が生じます。含み益のある土地売却によって，含み益が実現し通常の譲渡課税が行われます。保証債務履行のための土地売却であっても，原則どおりです。

3．特例の内容

ただし，次の要件を満たしている場合に限り譲渡所得の特例が認められています。

① 保証債務の履行をしたが，その履行に伴う求償権（主たる債務者に対する請求権）の全部または一部の行使ができなくなった。

② 保証債務履行のために譲渡した資産は棚卸資産ではない。

③ 保証した時点において，主たる債務者がすでに債務履行に支障をきたすことが明らかでない。

この特例が適用されると，次に掲げる金額のうち最も低い金額相当の所得はなかったものとされます。

・求償権の行使不能額

・譲渡した年の総所得金額，長期譲渡所得の金額などの合計額

・資産の譲渡にかかる譲渡所得等の金額

4．保証債務の履行としてよくあるケース

① 子供の会社が銀行借入するにあたり，親の所有している土地を担保に入れたが，借入返済が滞り抵当権を実行された…このケースは人的保証ではなく物的保証ですが，特例の対象となります。

② 会社借入に際し，社長自身が自ら個人保証した。返済が滞り社長の所有する土地を売って返済にあてた。

いずれも，人的・物的保証による債務の履行ですが，実務上の大きなポイントは求償権が行使不能かどうかです。求償権が履行できないということは，会社自体が倒産ないしそれに近い状態であるわけで，通常は会社清算などの手続をあわせて実施することで行使不能を明確にすることが重要です。

保証債務履行の一部を税金で取り戻す

―― 特例のため適用要件には要注意 ――

ご提案のポイント

① 保証債務の履行のため土地を売却した場合，特例が受けられる場合があります。
② 自分の会社の債務保証でも，子供の会社の債務保証でも適用があります。
③ 求償権の行使が不可能であることが条件のため，通常，会社清算などの手続が必要です。ただし，法人が経営を継続している場合でも，求償権を放棄してもなお債務超過等の一定の場合には認められる可能性があります（求償権が行使不可能であることを証する書類が必要）。

〔前提条件〕 譲渡した土地の明細は以下のとおりです。

（単位：万円）

	譲渡収入	取得費	譲渡所得
A土地	5,000	1,000	4,000
B土地	2,500	1,500	1,000
計	7,500	2,500	5,000

この場合，保証債務の履行のための特例を適用しなければ，通常の譲渡所得税がかかり，税金は 1,015 万円（所得税・住民税（5,000 万円× 20.315％））となります。※所得税には，復興特別所得税を含みます。

一方，保証債務の履行のための特例を適用してみましょう。履行した債務金額を 6,000 万円とします。求償権 6,000 万円も行使不能になったとします（この年の所得は上記の譲渡所得のみとします）。

前頁で記したとおり，なかったものとみなされる所得金額は，求償権の行使不能額とその年の譲渡所得金額（譲渡以外の所得がないため）とのいずれか低い金額となります。行使不能額 6,000 万円と譲渡所得金額 5,000 万円の低い方，つまり 5,000 万円の所得はなかったものとされ，結果的には譲渡に伴う税負担はゼロとなります。

（文責：辻・本郷税理士法人）

20 不動産売却による相続税の納税

1．概要

相続で取得した土地の取得費は被相続人のもともとの取得費を引継ぎますので，売却する場合，かなりの譲渡益が出ることがあります。ただし，相続税を納めるために，相続税の申告期限の翌日から３年以内に土地を売却した場合には，その売却した土地にかかる相続税を土地の取得費とすることができます。これを相続税の取得費加算の特例といいます。

2．適用要件

この特例の適用を受けるためには，次の要件が必要です。

・相続または遺贈により財産を取得していること
・相続税を支払っていること
・その財産を売却していること
・その売却した時期が，相続税の申告期限の翌日から３年以内であること

3．内容

譲渡所得は，土地の売却価額からその土地の取得費と譲渡経費を引いて算出します。この特例は，その売却した土地にかかる相続税を取得費とみなし，差し引くことができます（差引き後利益がない場合には０を限度とします）。

ただし，相続開始時に棚卸資産等であった土地および物納した土地と借地権および物納申請中の土地と借地権は除かれています（譲渡申告後，物納を取り下げた場合は譲渡所得の再計算をすることができます）。

また，土地等以外の資産（建物等）についても，その資産にかかった相続税のみ売却益から控除することができます。

4．物納か売却かの検討

相続税の支払いを物納あるいは土地の売却のいずれでするかは，次の点をよく検討する必要があります。

・売却価額は相続税評価額以上か
・売却後の手取額はいくらか
・相続税の申告期限から３年以内の売却か
・物納の条件はクリアしているか

一般的には，申告期限から３年以内に売却でき，かつ売却額が相続税評価額以上であれば物納より有利になります。

5．注意点

基本的には相続税を納めるための特典ですが，その土地の売却と相続税の支払いとが必ずしもひも付きでなくても構いません。

つまり，先に相続税を全額現金で支払った後に，土地を売却した場合でも，上記の適用要件を満たせば，この特例が適用されます。

申告後3年以内の売却による特例活用

―― 同族会社への売却でも可 ――

ご提案のポイント

① 土地の売却をしても譲渡税がかからないケースもあります。
② 相続税を支払うための売却でなくても構いません。
③ 物納か売却かは慎重に検討してください。
④ 同族会社への売却であっても適用できます。

1．ポイント

売却した土地にかかる相続税額を，譲渡した土地の原価として控除することができます。

2．具体例（取得価額が不明な場合で売却金額の５％を省略）

相続財産	（相続税評価）	（相　続　税）
イ．土地　A	12 億円	18 億円
ロ．土地　B	12 億円	
ハ．その他の財産	12 億円	
	36 億円	

イの土地を 12 億円で売却したケース　12 億円－６億円(注)＝６億円（譲渡所得）

（注）相続税取得費加算　18 億円×（12 億円÷ 36 億円）＝６億円

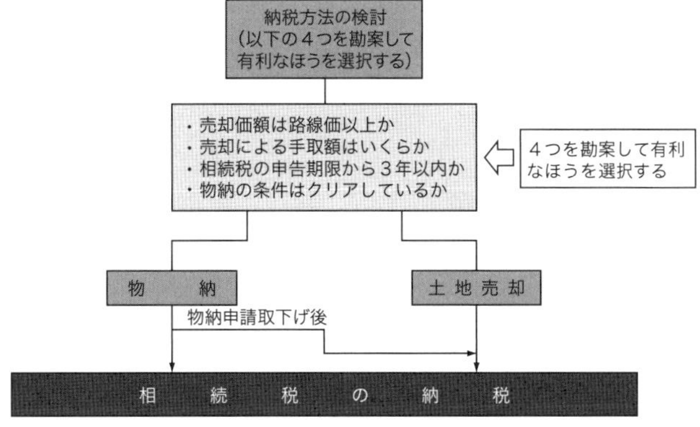

（文責：辻・本郷税理士法人）

21 居住用不動産の買換特例の活用

1．概要

自宅を売却または買換をした場合には，

① 3,000 万円の特別控除

② 軽減税率の適用

③ 居住用財産の買換の特例

の優遇制度があり，このうち①と②については重複適用ができます。買換とするか，特別控除，低率分離課税とするか，いずれか有利な方を選択することになります。

2．居住用財産の買換特例制度

買換の特例に，次の「特定の居住用財産の買換」があります。これは，居住用財産を売却し，代わりに別の居住用財産を購入した場合に，一定の要件を満たせば売却益にかかる税金を繰り延べることができるというものです。

この特例制度の要件は次のとおりです。

① 居住期間が 10 年以上であること

② 譲渡の年の 1 月 1 日現在，譲渡資産の所有期間が 10 年超であること

③ 買換資産の面積制限

土地→ 500㎡以下

建物→ 50㎡以上

④ 買換資産の築年数制限

中古マンション等の場合は，築 25 年以内のものまたは一定の耐震基準に適合するもの

⑤ 譲渡資産の譲渡対価(注)が 1 億円以下であること

⑥ 特別な間柄（親族等）での譲渡でないこと（下記 3，4 についても同じ）

なお，この特例は，1993 年 4 月 1 日から 2023 年 12 月 31 日までの譲渡及び取得されるものに適用されます。

3．3,000 万円特別控除

この制度は居住用財産でありさえすれば，その所有期間が長期・短期を問わず適用を受けることができます。

4．低率分離課税

土地と建物の所有期間が 10 年超の居住用財産を譲渡した場合には，3,000 万円特別控除後の売却益 6,000 万円までの部分は 14.21％（所得税 10.21％，住民税 4％），6,000 万円超の部分は 20.315％（所得税 15.315％，住民税 5％）という 2 段階比例税率となっています（所得税には，復興特別所得税を含みます）。

5．どの特例の適用を受ければいいのか

買換制度，3,000 万円特別控除後の低率分離課税制度をどのように利用するかは，

・売却益はいくらか

・手取現金はいくらほしいか

・買換後に売却する予定はあるか

などを総合勘案して，決めることになります。

(注) 譲渡資産と一体として居住の用に供されていた家屋または土地等が譲渡年を含む前後の一定期間に譲渡されている（またはされた）場合には，その譲渡対価を含みます。

買換えか低率分離課税かの選択がカギ

── 次の表で有利な方法を選んで下さい ──

ご提案のポイント

① 居住用財産の買換えには，２つのパターンがあります。

② 3,000 万円特別控除後の低率分離課税の方が得な場合もあります。

③ どの特例の適用を受けるかは，売却益，手取現金，買換後の将来の売却の予定等を考慮して検討してください。

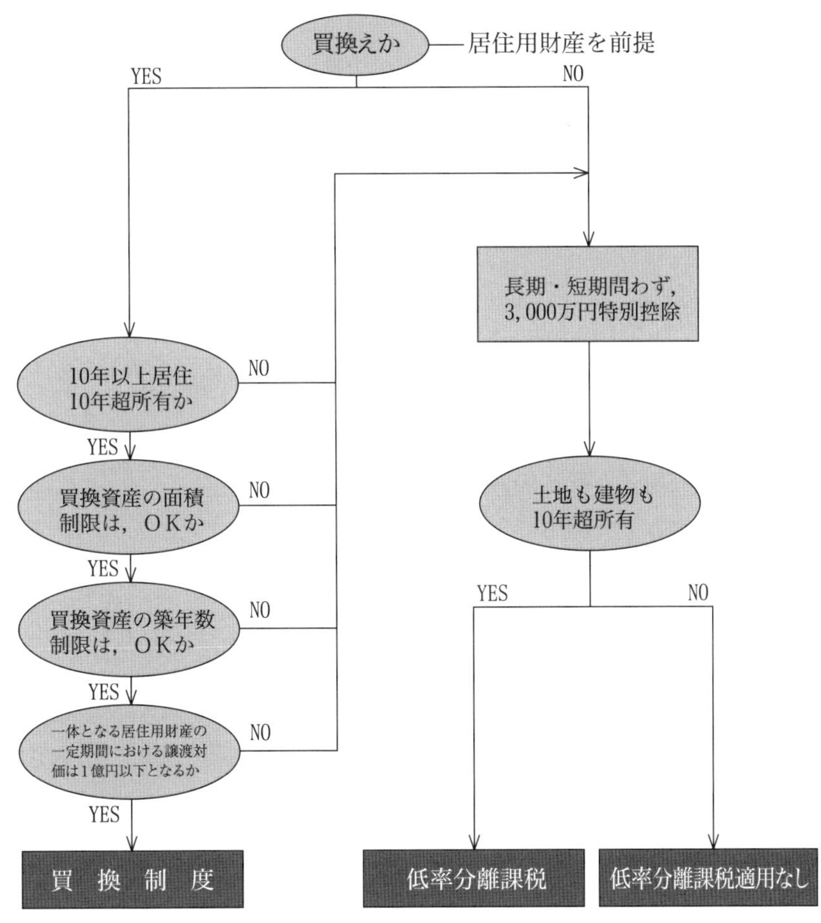

（文責：辻・本郷税理士法人）

22 地主が借地権を解除したいとき

1．借地権の消滅

賃貸人が土地を自ら使用する方法の1つとして，借地人と現在結んでいる賃貸借契約を消滅させる方法があります。借地借家法等の法律により，賃借人の立場は保護されています。賃貸人が，賃借人に貸している土地に子供の家を建てたいといった程度では借地権の消滅事由にはなりません。この場合，借地人に対して土地を利用する権利に相当する金額を支払って買い取らなければなりません。借地権の買取価額は周辺地域で実際に取引された価額や相続税路線価等における借地権割合等を参考にして求めますが，買取価額が高く，資金能力がない場合は難しいと思います。

2．土地（底地権）の売却

固定資産税等の上昇により不動産を維持するのが難しく，借地権を買い取る資金能力がない場合は，底地を賃借人に売却するのも一つの方法です。借地人も底地を買い取ることにより，自用地として利用できるため買い取る効果は大きいといえます。たとえば，今までどおりの賃借人の立場では，借地権として銀行等の担保とするとき，賃貸人の承諾が必要となったり，また，借地権を他人に売却するとき賃貸人に承諾料として売却代金の10%前後の支払が必要となりますが，底地取得によりこうした煩わしさがなくなります。しかし，売買の交渉問題，借地人の資金負担能力，賃貸人の底地売却による税金問題等難しい問題が発生してくることになります。

3．借地権割合

借地権の買取価額は，周辺地域で実際に取引された価額や相続税路線価等における借地権割合等を参考にすると述べましたが，実際には賃貸借契約の契約期間，更新までの残存期間，賃料の額等によって借地権割合が決まります。借地権割合の決定方法は，周辺地域で実際に取引された価額を調べることが難しく，一般的には相続税路線価の借地権割合を基本にし，賃貸借契約の契約期間，更新までの残存期間，賃料の額等によって加算・減算します。

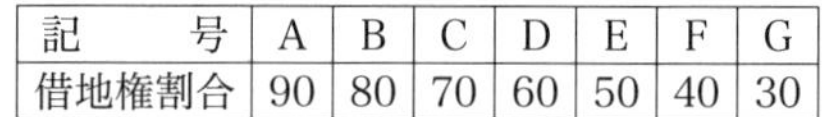

記　　号	A	B	C	D	E	F	G
借地権割合	90	80	70	60	50	40	30

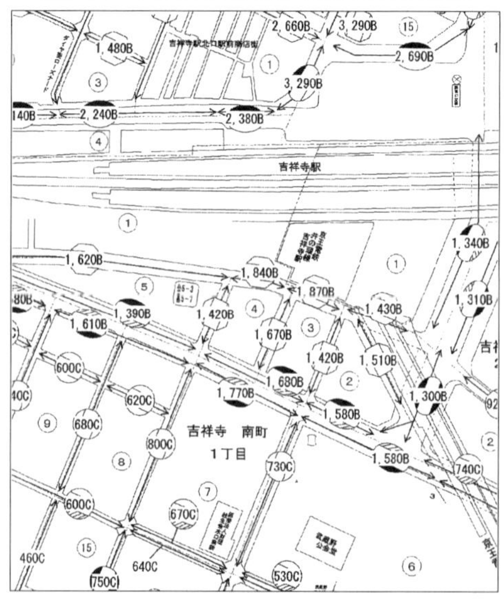

底地と借地権の等価交換

── 資金，税金がかからず，更地が取得できる ──

ご提案のポイント

底地権の売却は，賃貸人，賃借人互いの資金能力および税金等の問題が残ります。それを解決する方法として底地と借地権の等価交換があります。固定資産の交換の要件は厳しいですが，底地と借地権の交換は要件（交換後も同じ用途に使用し続けることなど）をすべて満たしていますので問題ありません。底地と借地権の交換のような場合には，特に金銭のやりとりがなく，税金の負担もなく，互いに権利を制限するものがない自用地を下図のとおり取得できますので，相続時に売却すること等が簡単にでき，大きなメリットがあります。

（注）ただし賃借人は底地取得に伴って，登録免許税，不動産取得税がかかります。

図　借地権と底地の交換

①　従前の土地（全体で 300 坪）

更地評価額 100 万円× 300 坪＝ 3 億円

借地権割合 70％

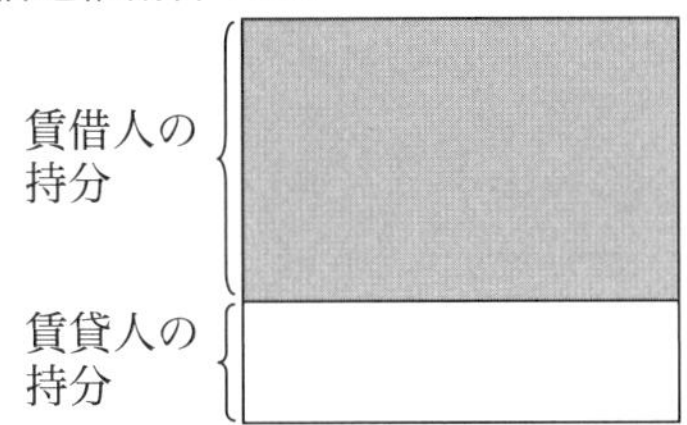

賃借人の持分…100 万円× 300 坪× 70％＝ 2 億 1,000 万円

賃貸人の持分…100 万円× 300 坪× 30％＝　　9,000 万円

②　借地権（A）と底地（B）の交換

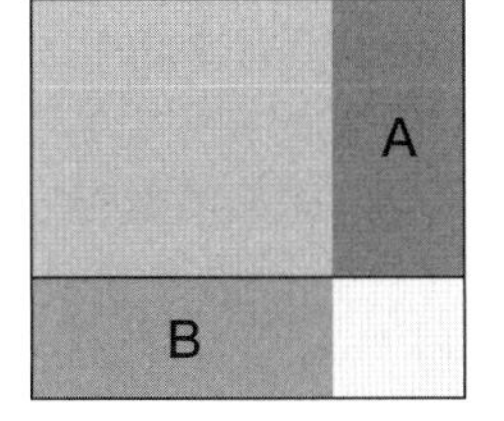

A… 2 億 1,000 万円× 30％＝ 6,300 万円

B…　　9,000 万円× 70％＝ 6,300 万円

③　自用地の取得

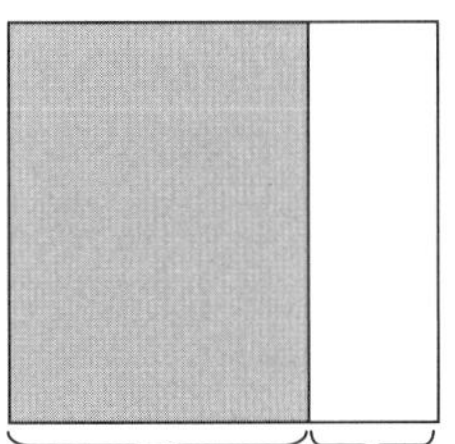

（注）固定資産の交換には各種要件がありますので，注意が必要です。

（文責：辻・本郷税理士法人）

23 不動産購入は建物代金を借入金で

1．不動産所得と損益通算

不動産所得とは，個人の所有する土地建物等を賃貸することによる賃貸料収入からその収入を得るために要した費用を差引いた金額をいいます。この際，差引き後金額（不動産所得）が赤字となっている場合，原則として他の所得，たとえば給与所得，事業所得などと所得を合算することになり，合算後の所得に対し所得税・住民税が課税されます。この，赤字の所得と黒字の所得を合算することを損益通算といいます。

ところが，不動産所得が赤字で経費の中に土地の借入金利息が含まれている場合は例外として，赤字の額を限度として損益通算できないことになっています。

その他，2021 年以後に国外中古建物に係る減価償却費がある場合には，その損失の金額はなかったものとみなされるので他の所得と損益通算はできません。この取り扱いは，2021 年以前から所有する国外中古建物についても適用されるので，海外不動産については注意が必要です。

2．土地に係る借入金

それでは，土地に係る借入金利息はどのようにして認識するのでしょうか。

具体的な数字を使ってみてみましょう。

購入する不動産価額を1億円（土地価額 4,000 万円，建物価額 6,000 万円）とします。

土地と建物を別々に購入している場合，たとえば土地を取得した後，建物を建築しているようなケースは土地購入資金と建物建築資金は別個に把握することができます。ところが，土地・建物を一括で購入するような場合は，購入資金の区分は不可能です。借入金 7,000 万円で前記不動産を購入した場合，土地にあてられた借入金と建物にあてられた借入金を区分するような場合です。

このように，土地建物の購入資金の区別が明らかでない場合，購入のための借入金は，まず建物の取得から充当されたものとして取り扱うことになっています。前述の例だと，借入金 7,000 万円がまず建物価額 6,000 万円から充当され，それを超えた金額 1,000 万円が土地の購入にあてられたと考えます。借入金 5,000 万円の場合だと，建物価額に満たない金額のため，借入金はすべて建物にあてられ，土地に係る借入金はないことになります。

3．新規不動産購入の借入金設定の目安

不動産所得が赤字であることを前提に借入金額の設定のみを変動要因とした場合の有利な借入額はどうなるでしょう。

借入額を多くすることは節税面からいえば通常，プラス材料となりますが資金収支面からいえばマイナス材料となります。節税面で最大の効果があり，さらに資金面でも有利になるようにするためには，通常借入金の経費を全額損益通算の対象にできるような水準にすることが考えられます。つまり借入金を建物価額と同額にすることです。

ただし，不動産購入時の所得水準や金利水準等により分岐点は変化しますから，具体的には個別に検討することになります。

4．建物取得等に係る消費税

2020 年 10 月 1 日以後に行う居住用賃貸建物を取得した場合（2020 年 3 月 31 日までに締結した契約を除く）には，その建物に係る消費税を控除することができないので注意が必要です。

借入金は土地の充当大ほど不利

── 建物部分の借入金利子は損金算入 ──

ご提案のポイント

税金対策で不動産購入する場合，借入金額に注意しなければなりません。通常は，建物価額に見合う借入金が有利といえますが，所得水準や金利水準等により変動しますので収支状況をみたうえで借入金額を決めてください。

〈前提条件〉

(1) 購入する不動産価額
　土地………4,000 万円　　建物………6,000 万円
(2) 賃貸収入　　500 万円
(3) 借入金額　(金利４％のみ支払い)
　(A) 8,000 万円　(B) 6,000 万円　(C) 4,000 万円
(4) 減価償却費　建物本体 4,200 万円 (22 年) (定額法) 付属設備 1,800 万円 (15 年) (定額法)
(5) 給与収入　2,975 万円 (課税所得　2,755 万円)

(単位：万円)

項　　目	(A)	(B)	(C)
家賃収入	500	500	500
減価償却費	314	314	314
借入金利息	320	240	160
諸経費	218	218	218
不動産所得	▲352	▲272	▲192
土地に係る金利	80	0	0
不動産所得	▲272	▲272	▲192

項　　目	(A)	(B)	(C)
給与所得	2,755	2,755	2,755
不動産所得	▲272	▲272	▲192
課税所得	2,483	2,483	2,563
税　額	976	976	1,017
償却費	314	314	314
資金収支	1,821	1,821	1,860
自己資金使用額	2,000	4,000	6,000

(注)　資金収支＝給与所得＋不動産所得＋償却費－税額
※所得税には，復興特別所得税を含みます。

ケースＡの場合，切捨てられる土地金利が生じることになるため，結果的にＢのケースとほぼ同じ節税額となります。一方，Ｃのケースは切捨てられる金利はないものの節税額が減少し多額の自己資金を必要とします。

※ 2016 年４月以降に取得した付属設備は定額法となります。

(文責：辻・本郷税理士法人)

24 土地借入利子の損益通算の制限

1．土地借入利子の損益通算に対する規制

不動産所得の金額の計算上生じた損失の金額のうち，土地等の取得にかかる借入金の利子の額に対応する部分の金額については損益通算の対象とされません。

その損失の金額の計算は，各物件を個別的でなく，不動産所得全体で判断することになります。

また，土地を取得するために要した負債の利子の額については，次の２つのケースに分けられます。

①負債の額が資産ごとに区分されているケースにあっては，資産ごとに負債の額を判断します。

②負債の額が資産ごとに区分されており，土地等を建物とともに一の契約により，同一の者から同時に取得した場合には，負債の額は建物から充当することになります。

2．損益通算の対象とされない金額の計算方法

不動産所得の損失の金額が負債利子の額を超えるかどうかに応じて，損益通算の対象とされない金額が異なってきます。

つまり，不動産所得の損失の額と，土地等に係る借入金利子を比較して，いずれか少ない額が他の所得と相殺できない金額となります。

3．具体的対応策

(1) 新たに不動産投資をする場合

投資対象としては，全体に占める建物割合が大きいものを選び，土地部分は自己資金で，建物部分は借入金が有利です。

(2) すでに不動産投資をしている場合

すでに不動産所得がマイナスの場合には，切捨てとなる損失を少なくするために，収入アップを図るか，減価償却方法の変更等により経費を減らすかの努力をして利益を出すようにします。努力しても利益が出ないようであれば，同族法人か第三者に売却することを考えます。その場合には売却代金で他の不動産の土地借入金を返済し，全額借入金で建物へ買い換えるか，または，建物割合の大きい不動産への買換えの意思決定をしてください。

(3) 個人事業主の対応

医者，弁護士，税理士等の個人事業主の場合には，現在第三者に賃貸している物件を，当該個人事業の従業員の社宅として利用する方法があります。この場合の従業員社宅は，個人事業の福利厚生の一環ということで不動産所得ではなく，事業所得に該当します。

したがって，この損益通算の規制は受けずに土地に係る借入金利子も全額経費となります。

建物割合の多い投資が節税効果大

ご提案のポイント

不動産所得が赤字（損失）で，土地の借入金利子がある場合には，一定額が損益通算できません。新規投資の場合は建物割合の多い物件を購入し，すでに投資している場合には減価償却方法等の見直しにより経費を少なくします。

1．損益通算のしくみ

その年の不動産所得の収支が次のようなケースであったとします。

収　　入	1,000
必要経費	1,500
損失の金額▲	500

ケース1　土地を取得するための負債の利子額が800であった。

土地利子 800>損失 500

いずれか小さい金額

∴ 500

↓

損益通算の対象とならない金額

ケース2　土地を取得するための負債の利子額が300であった。

土地利子 300	損　失 500
建物利子 700	収　入 1,000
経　費 500	

土地利子 300<損失 500

いずれか小さい金額

∴ 300

↓

損益通算の対象とならない金額

2．今後の対応

（新規投資のケース）

利回りが高く建物部分の割合の高い物件を選定してください。

（すでに投資しているケース）

今後も多額の損失が見込まれますか？ YES → 現状維持でOK

↓ NO

収入アップが図れますか？ YES → 家賃の引上げ相当の地代等で対応

↓ NO

経費の削減ができますか？ YES → 減価償却方法の変更，管理料の引下げ等で対応

↓ NO

今後も保有するメリットがありますか？ YES → キャピタル・ゲインをねらうために保有

↓ NO

単純売却しますか？ YES → 売却して損益通算の終了

↓ NO

買換えによる圧縮 YES → ①売却代金で他の不動産の土地借入金返済 ②全額借入で建物へ買換または建物割合の大きい物件へ買換

（文責：辻・本郷税理士法人）

25 収益力のある物件は会社へ売却

1．不動産管理会社の活用

賃貸アパート，マンション等の賃貸物件は，建物の減価償却や借入金の返済が進んでいくと，不動産所得が増加し，個人の税負担も重くなってきます。

このような高収益の賃貸物件については，会社は，単に賃貸管理するのではなく，建物そのものを会社が買い取ることにより所得を会社へ移転する方法が，所得税対策，相続対策となります。

2．建物の会社への譲渡

子供等が株主である会社へ建物を適正な時価または帳簿価額（個人の場合，毎年，法定耐用年数で償却しているので帳簿価額で問題ありません）で譲渡します。差益が出る場合に所有期間５年超のときは，20.315％（所得税15.315％，住民税５％）の課税となります。土地の移転については，会社の資金の問題，個人の譲渡益課税の問題があるため，特に必要とはなりません。

※所得税には，復興特別所得税を含みます。

3．地代の支払と相続評価

個人が土地を，法人が建物をそれぞれ所有している場合，借地権の問題が生じてきます。この問題を避けるため，「土地の無償返還に関する届出書」を税務署へ提出する必要があります。また，会社が個人へ通常の地代を支払うことにより，土地の相続税評価額が，自用地価額の80％となり，個人所有時の貸家建付地評価と同程度の減額がなされます（使用貸借の場合は届出を出していても自用地評価）。ただし，20％相当分が会社株式の純資産価額の計算上，加算されます。したがって，会社の出資割合も，子供等の割合を多くしておく方がよいでしょう。

4．効果

① 会社に移転した所得は，本人へは地代および給与，子供等へは給与となり，所得の分散がはかれ，個人・法人トータルの税額も減少します。

② 移転前における相続発生までの利益による資産の増加をなくすのと同時に，その所得が役員報酬の支給を通して子供等の資産となり，将来の相続税納付の原資の一部にもなります。

③ 建物を帳簿価額以下で譲渡すれば，譲渡税がかからず移転でき（会社は建物の登録免許税，不動産取得税がかかります），その譲渡代金で，金利が経費とならない借入金の返済や相続対策となる保険への加入等，有効に使うことができます。

図

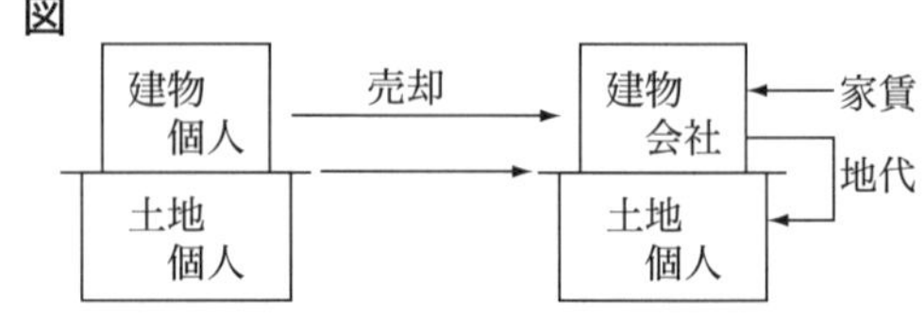

不動産所得の会社への移転

―― 所得分散による節税 ――

ご提案のポイント

① 後継者が経営する不動産管理会社を設立します。

② 個人所有の高収益の賃貸物件の建物を会社へ譲渡します。

③ 個人に地代，後継者へ給与を支払い，所得を分散します。

〈前提条件〉

①個人の所得と税額の現状　(単位：万円)

	収　入	所　得
A物件	1,500	1,000
A物件以外	2,500	1,000
計	4,000	2,000
所得税・住民税額	(所得控除 100)	680

②A物件の建物を 3,000 万円で会社へ売却

借入金利４%，20 年元利均等払

建物　定額法, 15 年償却（中古耐用年数）

個人に地代 100 万円／年（土地の固定資産税 35 万円）

配偶者，子供１人へ各 500 万円の給与

建物は簿価譲渡としている

〈建物譲渡後〉

①個人の所得と税額　(単位：万円)

	収　入	所　得
A物件以外	2,500	1,000
A物件地代	100	65
計	2,600	1,065
所得税・住民税額	(所得控除 100)	265

②配偶者・子供の所得と税額　(単位：万円)

	収　入	所　得
給　与	500	356
所得税・住民税額	(所得控除 60)	49.9

③会社の収支　(単位：万円)

Ⅰ　収　　入		1,500
Ⅱ　経　　費		1,621
借入金利	120	
減価償却費	201	
支払地代	100	
給　与	1,000	
その他	200	
Ⅲ　所得		▲ 121
Ⅳ　法人税等		7（均等割）

建物譲渡前の税額 680 万円

建物譲渡後の税額合計

個人 265 万円＋配偶者・子供 49.9 万円×２人＋会社７万円＝ 371 万円

上記のように建物を会社へ移転することにより税額が 680 万円から 371 万円と減少し，差額 309 万円が節税となったうえ，少しずつ，給与を通して配偶者・子供へ資産が移転していくことになります。

※所得税には，復興特別所得税を含みます。

（文責：辻・本郷税理士法人）

26 所有する空室不動産の売却や買換え

1．空室不動産を保有し続けることのデメリット

不動産を保有していると，固定資産税や管理費などの固定費を要します。これが貸付用不動産であるなど収入を生んでいれば，これらの支出は「経費」となりますが，ただ空室のまま活用されていなければ，単なる「損失」でしかありません。

個人が所有する不動産の多くは，相続発生時における相続税の計算上，土地であれば路線価方式，建物であれば固定資産税評価額により評価されますが，貸付をしている場合には「貸家建付地」や「貸家」としてこれらの評価額から減額を受けられる一方，空室で活用されていない場合には，この評価減措置の適用を受けることはできません。

損失を生み，相続税上も減額措置を受けられない「空室不動産」を所有している場合には，一刻も早く手を打つ必要があります。

2．まずは広告や大規模修繕の実施を検討

借り手が見つからずに空室になっている不動産は，その管理会社の広告が不十分だったり，躯体や外観が老朽化していたり，あるいはIT化への対応を怠っていたりするケースが散見されます。時にオーナーが広告料を負担してより広範囲に広告宣伝を実施したり，外観の塗装や内装工事を行ったりすることで，賃借人が集まる場合もあります。まずは所有不動産を売らずに有効活用の方法を探ることが先決といえるでしょう。

なお，実施年度分の広告宣伝費や外観の塗装費用などは，通常は経費として他の不動産所得等との相殺が可能です。

3．不動産の買換えによる株価対策

空室不動産に広告や塗装などの修繕を行っても利益が見込めない場合や，そもそもこれらに費用をかけるお金がない場合には，売却や買換えの検討が必要になります。懇意にしている不動産業者等と相談の上検討することになるかと思いますが，オーナーご自身でも立地や将来にわたる収益性を検討することは肝要であると思われます。

上記1で触れたとおり，賃貸中の不動産については評価の減額がありますが，収益性を高く見せるために一定期間賃料を受取らない「フリーレント」の特約や，過剰な広告宣伝により，一時的に満室にしている不動産もありますので，不動産の購入決定には慎重を要します。

なお，実際いくら減額されるかですが，空室の場合に比して20％～30％程度減額されることが多いようです。なお，売却にあたり譲渡益が生じる場合には，その検討も必要となります。

空室不動産の保有は相続税評価上不利に

ご提案のポイント

① 空室不動産を売却して，収益性の高い不動産の取得資金を得ます。

② 購入した不動産から，安定した賃料を確保するとともに，相続発生時に賃貸中であれば，相続税上の減額措置を受けられます。

〈前提条件〉

(1) 土地評価額（自用の場合の路線価） 1億円

(2) 建物評価額（自用の場合の固定資産税評価額） 5,000万円

(3) 相続税負担割合 50％

(4) 賃貸中の土地建物の減額割合 25％(注)

(5) 便宜上，基礎控除は反映させない

（注）実際の評価にあたっては，借地権割合や借家権割合を用いて，土地・建物それぞれについて減額幅を計算しますが，本ケースでは便宜上25％の減額があるものとします。

（単位：万円）

摘　要	空室不動産	満室不動産	差
建　物	5,000	3,750	▲ 1,250
土　地	10,000	7,500	▲ 2,500
計	15,000	11,250	▲ 3,750
相続税	7,500	5,625	▲ 1,875

賃借人のいない空室不動産の場合には，土地は自用の場合の路線価評価額，建物は固定資産税評価額により評価されるため，上記のケースだと合計で1億5,000万円の評価になります。

一方，賃借人で満室となっている不動産の場合には，減額措置の適用があり，上記のケースですと，税率を乗ずる対象となる評価額ベースで，3,750万円，税額で1,875万円の軽減効果があります。

上記のような相続税の減額措置のほか，賃料収入という定期収入を生む満室である不動産への買換えは，非常にメリットがあるといえます。

（文責：辻・本郷税理士法人）

27　借上げ社宅を活用した節税

福利厚生の一環として，従業員に住宅手当を支給している会社の場合，会社が住宅を借り上げ，従業員に貸与する方法に変更することによって，一定の節税効果が期待できます。

1．住宅手当に関する課税関係等

住宅手当の支給を受ける従業員側では，住宅手当は給与所得に該当し，所得税等の課税対象になるとともに，社会保険料の算定基礎に含められます。住宅手当の支給がない場合に比べて，従業員が負担する所得税等及び社会保険料が増加します。

他方，会社が負担する従業員への住宅手当は，社会保険料の会社負担分も増額させます。

2．従業員から一定額以上の家賃を受取り，借上げ社宅を貸与する場合の課税関係等

従業員に対して，借上げ社宅を貸与する場合には，従業員から1カ月当たり一定額の家賃（賃貸料相当額）以上を受け取っていれば給与として課税されません。

賃貸料相当額は，以下の①から③の合計額となります。

①　その年度の建物の固定資産税の課税標準額× 0.2%

②　12円×（その建物の総床面積（平方メートル）／3.3（平方メートル））

③　その年度の敷地の固定資産税の課税標準額× 0.22%

会社が従業員に，借上げ社宅を無償で貸与する場合には，上記の賃貸料相当額が給与として課税が行われます。

会社が従業員から賃貸料相当額よりも低い家賃を受け取っている場合には，受け取っている家賃と賃貸料相当額との差額は，給与として課税が行われます。

ただし，会社が従業員から受け取っている家賃が，賃貸料相当額の50%以上である場合は，受け取っている家賃と賃貸料相当額との差額は，給与として課税は行われません。

3．社宅を借り上げた場合の会社側の処理

上記1，2いずれの場合も，会社が社宅の借り上げに際して支払った家賃は原則，経費として認められます。

福利厚生と節税ができて一石二鳥

―― 住宅手当支給では会社・社員の社会保険料負担増 ――

ご提案のポイント

住宅手当３万円を従業員に支給している会社が，住宅を借上げ，従業員に貸与する方法に変更した場合の節税効果は，以下のとおりです。

１．住宅手当に関する課税関係等

３万円の住宅手当の支給を受ける従業員側では，住宅手当は給与所得に該当し，所得税等の課税対象になるとともに，社会保険料の算定基礎に含められます。住宅手当の支給がない場合に比べて，従業員が負担する所得税等及び社会保険料が増加します。

他方，会社が負担する従業員への住宅手当は，社会保険料の会社負担分も増額させます。

２．従業員から一定額以上の家賃を受取り，借上げ社宅を貸与する場合の課税関係等

会社が，賃貸料相当額が６万円となる住居を借上げ，社宅として従業員に貸与し，従業員から３万円を徴収すれば，実質的に会社は３万円の住宅手当を支給するのと同様となります。

会社が負担する３万円（＝賃貸料相当額６万円－従業員負担分３万円）は，給与としてみなされないため，従業員が負担する所得税等及び社会保険料は，３万円の住宅手当の支給を受けていない場合と同様になります。

3．社宅を借り上げた場合の会社側の処理

１，２いずれの場合も，会社が社宅の借り上げに際して支払った家賃６万円は，原則経費として認められます。また，従業員から徴収した家賃３万円は雑収入などで収入計上をします。

（文責：辻・本郷税理士法人）

28 事業用宅地を相続したとき

1．小規模宅地の評価減

事業の用もしくは居住の用に供している宅地等を相続した場合，一定の面積（小規模宅地等）については，通常の方法で評価した価額から，次に掲げる面積につき次の減額割合を乗じて計算した金額を評価減として控除できます。

① 特定事業用宅地等及び特定同族会社事業用宅地等　400㎡まで80％

② 貸付事業用宅地等　200㎡まで50％

③ 特定居住用宅地等　330㎡まで80％

複数の種類の宅地に適用する場合の面積の計算については29を参照して下さい。

2．特定事業用宅地等

特定事業用宅地等とは，被相続人等の事業（不動産貸付業等は除く）の用に供されている宅地等で，相続等によりその宅地等を取得した個人が，次の要件のいずれかを満たしている場合の宅地等をいいます。

① 宅地等を取得した親族が申告書提出期限までに被相続人の事業を引き継ぐと同時に同期限までその宅地等を有し，当該事業を営んでいること

② 宅地等を取得した親族が，被相続人と生計を一にしていた者で，申告期限まで引き続き当該宅地等を有し，かつ，自己の事業の用に供していること

3．特定同族会社事業用宅地等

特定同族会社事業用宅地等とは，被相続人等の個人としてではなく，会社として事業（不動産貸付業等は除く）を行っている場合の一定の宅地等をいいます。具体的には，相続開始直前に被相続人等の持っている株式の総数または出資の金額が，その会社の発行済株式総数または出資金額の50％超である会社の事業の用に供された宅地等で，かつ，被相続人がその会社に賃貸しているもののうち次の要件を満たすものです。

当該宅地等を取得した親族（申告期限において，その法人の役員である者に限ります）のうちに，

① 相続開始後申告期限まで引き続き当該宅地等を有しており

② 申告期限まで引き続き法人の事業の用に供されている宅地等を有する者が，いる場合です。

4．貸付事業用宅地等

80％評価減の対象となる事業から不動産貸付業が除かれ，貸付用は200㎡までは50％の評価減となります。この場合，アスファルト敷の駐車場なども対象となりますが，構築物などのない，いわゆる青空駐車場については，その規模等を問わず，特例の適用を受けることはできません。

小規模宅地評価減50％を活用

ご提案のポイント

不動産貸付を行っている場合の小規模宅地評価減は50％です。アパートやアスファルト敷駐車場などで賃貸している場合，50％の評価減ができますが，使用貸借（公租公課以下の賃料）の場合は，対象となりません。

なお，貸付規模は関係ありません。

貸家を親族等に対し無償で貸している（使用貸借）場合は，貸家建付地の評価減もとれませんし，小規模宅地等の評価減の適用もできません。

通常の賃貸料を授受することで，それらの評価減が適用でき宅地等の評価を引き下げることができます。

〈前提条件〉

⑴　自用地としての土地評価額　1億円（200㎡）

⑵　建物評価額　3,000万円

⑶　相続税負担割合　50％

⑷　借地権割合　60％，借家権割合　30％

（単位：万円）

摘　要	使用貸借の場合	賃貸借の場合	差
建　　物	3,000	2,100（注1）	▲　900
土　　地	10,000	8,200（注2）	▲ 1,800
小規模宅地の評価減額	—	▲ 4,100	▲ 4,100
計	13,000	6,200	▲ 6,800
相　続　税	6,500	3,100	▲ 3,400

（注1）　3,000万円×（1－30％（借家権割合））＝2,100万円

（注2）　10,000万円×（1－60％（借地権割合）×30％（借家権割合））＝8,200万円

使用貸借の場合は，土地は更地評価，建物は固定資産税評価額により評価されるため，上記のケースだと両者を合わせて1億3,000万円の評価になります。

一方，賃貸借の場合，小規模宅地の評価減を適用する前で1億300万円の評価となり，この段階で2,700万円の評価減となります。

さらに，小規模宅地の評価減を適用することで6,200万円まで引き下げることができますので，相続税の軽減効果は大きいといえます。

（文責：辻・本郷税理士法人）

29 居住用宅地を相続したとき

1．減額割合

事業用または居住用の宅地等を相続した場合には，一定の面積までの土地について，通常の評価額から，一定の減額割合を乗じて計算した金額を控除することができます。

	宅地の種類	減額割合	適用面積
A	特定事業用宅地	80％	400㎡
	特定同族会社事業用宅地	80％	400㎡
B	特定居住用宅地	80％	330㎡
C	貸付事業用宅地	50％	200㎡

また，２種類以上の宅地があり優先して適用する宅地が上限面積まで達しない場合に，２種類以上の宅地に対して面積の調整が行われます。

①特定事業用宅地，特定同族会社事業用宅地および特定居住用宅地を選択する場合 Aの合計≦400㎡であること。また，B≦330㎡であること（A，B合わせて最大730㎡適用可能）。

②貸付事業用宅地およびそれ以外の宅地を選択する場合

Aの合計$\times\frac{200}{400}$＋B$\times\frac{200}{300}$＋Cの合計≦200㎡であること。

2．特定居住用宅地

80％の評価減となる特定居住用宅地とは，被相続人等の居住の用に供されていた宅地で，取得者のうちに配偶者か次のいずれかの要件を満たす親族がいる宅地のことです。

① 同居親族で継続して居住

② 被相続人に配偶者および同居親族がいない場合で，相続開始前３年以内に居住用の持家がない

③ 生計が一で相続開始前から居住

上記の要件を満たした親族が，当該宅地等を申告期限まで引き続き所有し，かつ，申告期限まで引き続き居住している（②のケースは除く）場合に限り，80％の減額が適用できます。

3．１棟の居住用併用建物

１棟の建物の中に特定居住用部分と他の用途部分がある場合，敷地を利用区分ごとに按分して用途ごとに軽減割合を計算することになります。

たとえば，土地（240㎡）相続税評価額３億円・借地権割合７割，借家権割合３割地域に３階建の建物を建て，１，２階を貸付用，３階を居住用とした場合の評価減は，１億円×80％＋｛２億円×（$1-\overset{\text{借地権割合}}{0.7}\times\overset{\text{借家権割合}}{0.3}$）$\times\frac{151.51\text{㎡}^{※}}{160\text{㎡}}$｝×50％＝１億5,480万円となります。

※ $200\text{㎡}-80\text{㎡}\times\frac{200\text{㎡}}{330\text{㎡}}=151.51\cdots\text{㎡}$

特定居住用宅地評価減80％を活用

ご提案のポイント

① 最上階を自宅にし，他を賃貸用とするビルを建築します。

② 居住用の小規模宅地等の80％の評価減は，以前は１棟の建物の中に特定居住用部分があればその他の部分についても80％減の適用がありましたが，現在は敷地の利用区分ごとに按分して用途ごとに軽減割合を計算することになります。

自宅を配偶者や同居で居住を継続する子供が相続するような場合は，特定居住用宅地として330㎡まで８割の評価減が適用されます。

〈前提条件〉

⑴ 借入金５億円で土地３億円，建物２億円を取得（相続税評価額，土地２億4,000万円，建物１億2,000万円）

⑵ 建物４階建のうち４分の１を自宅，４分の３を賃貸用とします

⑶ 借地権割合６割，借家権割合３割

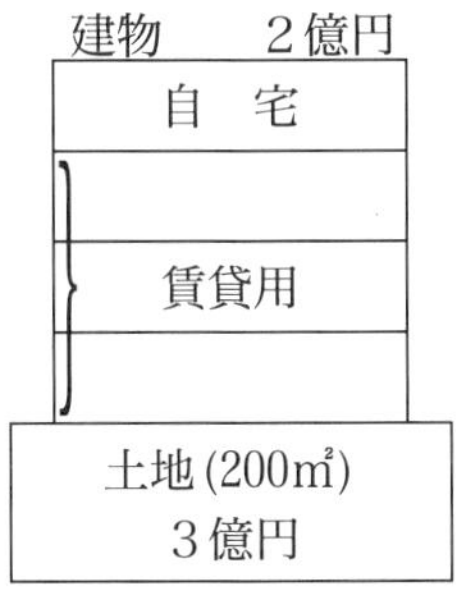

建物評価額	１億2,000万円	居住用	3,000万円
		貸家用	6,300万円
		計	9,300万円
土地評価額	２億4,000万円	居住用	6,000万円(注1)
		貸家用	１億4,760万円(注2)
		計	２億760万円
小規模宅地の評価減			▲１億2,180万円(注3)

（注１） ２億4,000万円×$\frac{1}{4}$

（注２） ２億4,000万円×$\frac{3}{4}$×（１－0.6×0.3）

（注３） 6,000万円×80％＋１億4,760万円×50％

〈取得後の相続税評価額〉

建物	9,300万円	借入金	５億円
土地	２億760万円		
小規模評価減	▲１億2,180万円		
計	１億7,880万円	計	５億円

取得後は，相続税評価額として３億2,120万円の引下げ効果があります。

（文責：辻・本郷税理士法人）

税理士業界の裏話②　経営セーフティー共済について

経営セーフティー共済（中小企業倒産防止共済）をご存知でしょうか。

一言でいえば，「取引先が倒産等した場合の資金繰り悪化による連鎖倒産を防止するための『共済事業』」です。

この共済事業は，取引先の倒産等の被害額に応じて最大8,000万円（最大掛金800万円の場合）まで借入れができる制度です。自社の倒産を防止するというもので，借入れができるだけでなく，毎月の掛金を費用にでき，しかも40カ月以上継続してその後解約した場合には，掛金の全額が返金されるという納税者に有利なものです。

法人税法上の活用としては，中小法人である場合には所得金額800万円以下の場合には税率は15％ですが，決算を迎える前にあらかじめ所得金額を予測し，事前に掛金の変更（月5,000円～20万円までの変更は自由）をして800万円を超える部分を抑えることができれば，15％の税率を適用することができます。また仮に1,000万円近く出そうな場合でも調整次第では，800万円以下に抑えることができます。条件を満たせば前納制度（1年分を一括で前払い）を利用して最大460万円を費用として捻出することができます。

先に述べたように40カ月以上継続した段階であれば，赤字のときに解約をして全額返金して資金繰りに充てるという手段もあります。ただし解約した時に益金に算入（出口課税）されるので，解約時には注意が必要です。

資金繰りが困難な場合にも，解約せずとも掛金に応じて借入することもでき，柔軟性のある共済事業です。

まだ加入していない場合には，ぜひ検討してみてください。

（文責：辻・本郷税理士法人）

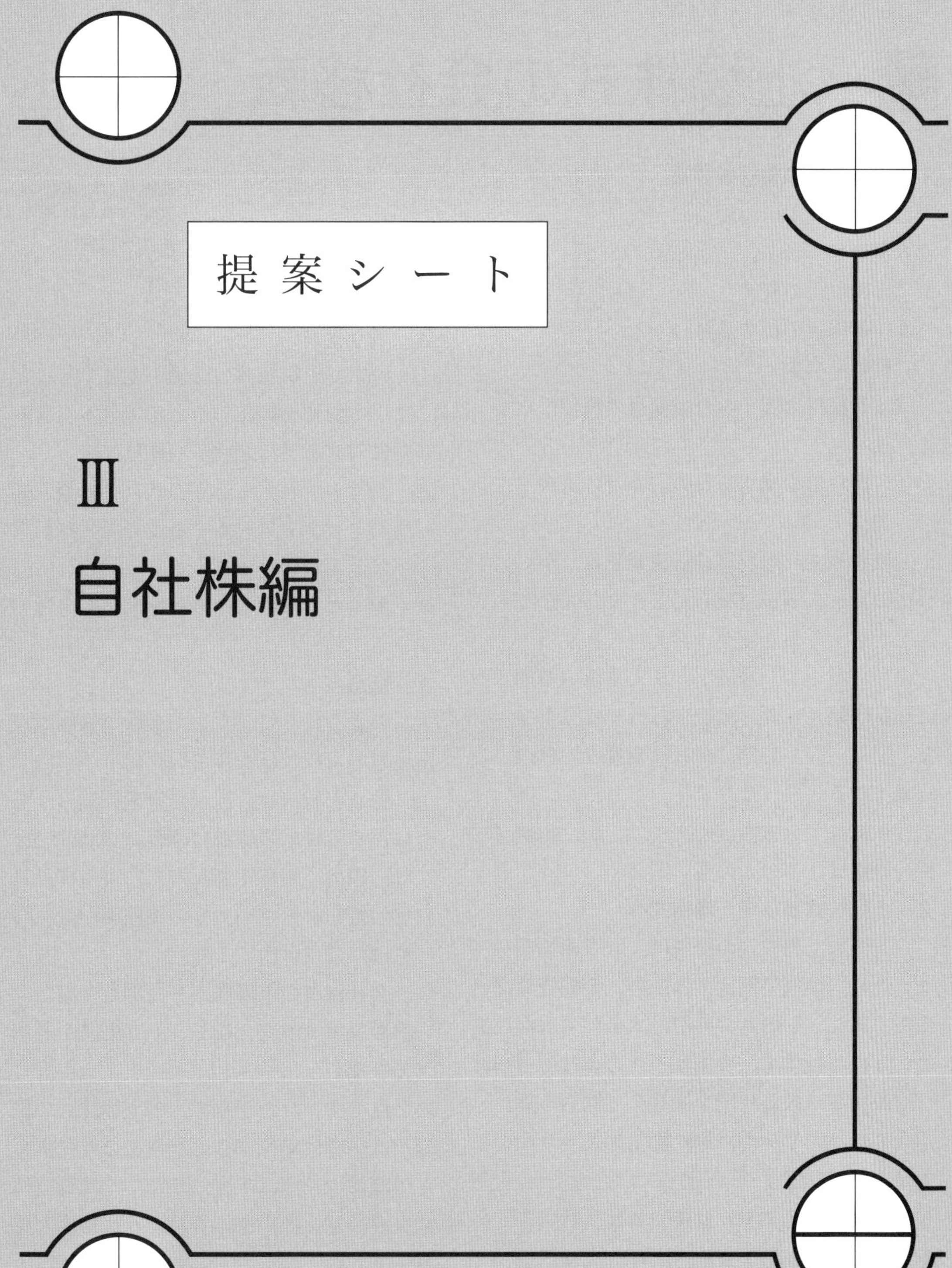

提案シート

Ⅲ 自社株編

30 上場株式の会社移転

1．上場株式の相続税評価

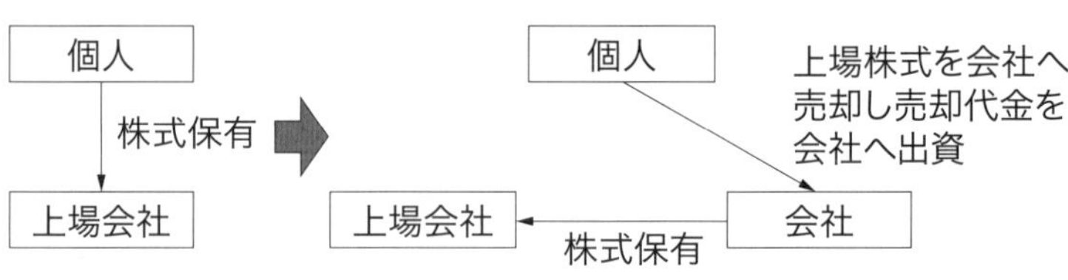

次のいずれか低い価格により評価されます。

① 課税日の終値
② 課税日の属する月の終値平均値
③ 課税日の属する月の前月の終値平均値
④ 課税日の属する月の前々月の終値平均値

したがって，課税日（相続発生日）がいつかによって，株式評価は自ずと決まります。

しかも，その株価をコントロールすることは不可能です。株価がたまたま低い時期に相続が起きれば，相続税は低くなりますし，逆に，高い時期であれば相続税の負担は重くなることになります。もちろん，換金性に優れている点は明らかですが，相続税の軽重は，その人の運次第です。

2．上場株式から未上場株式へ

一方，未上場株式の評価は，取引相場がないため，類似業種比準価額方式や純資産価額方式ないし両者の併用方式のいずれかにより行われます。つまり，その会社のもつ財政状態や収益状況を勘案して株価を算定するわけですから，相続税対策という面では，上場株式よりはるかにコントロールしやすいと言えます。具体的には，所有する上場株式の一部を会社へ売却，売却代金を会社の出資に回す方法によります。

3．メリット

① 将来，上場株式の株価が上昇することによる影響を抑えることができる（含み益に対する37%控除の適用）。
② 会社の所有する上場株式以外の資産構成等をコントロールすることで，株価引下げが可能となる。
③ 配当などの収入を会社を通じて分散できる。

4．留意点

このようにして設立した会社で株価算定上注意しなければならない点は，

① 株式保有特定会社（総資産価額のうちに占める株式の価額の割合が50%以上）は，原則，純資産価額方式による株価算定が行われるため，その後株価が低くなれば，効果は出てこない。
② 会社保有の上場株式を売却した場合，譲渡益に対する20.315%の課税が適用できない。

の２点です。したがって，①上場株式の株価が低い時に実行する，②将来の納税資金との関係で一部は手許に残す，③株特（株式保有特定会社）を外す，ように検討してみて下さい。

上場株式から未上場株式へ

―― 株価の低い時が効果的 ――

ご提案のポイント

① 上場株式を市場を通して会社へ売却し，かわりに未上場株式を保有する
② 株価の低い時に売却する
③ 株式保有特定会社を回避できるよう，株式以外の資産を増やしていく
④ 将来の納税資金は確保しておく

〈前提条件〉

(1) 所有上場株式
　株　価（1株当たり　1,500円）
　株式数　　　　　100,000株
(2) 所有株数のうち50,000株を会社へ移転
(3) 株式売却益は売却額の20%とする
(4) 移転後，株価が500円上昇
(5) 相続税負担率　50%

（単位：万円）

項　目	現状（株価1,500円）		上昇後（株価2,000円）		
	移転前	移転後	移転前	移転後	差
上場株式	15,000	7,500	20,000	10,000	▲10,000
未上場株式	—	7,500	—	9,075(注)	9,075(注)
計	15,000	15,000	20,000	19,075	▲　925
相続税	7,500	7,500	10,000	9,538	▲　462
譲渡税	—	305	—	—	

※未上場会社の株価は，純資産価額方式によります。
※譲渡税には，復興特別所得税を含みます。
(注) 含み益に対して37%控除を行っています。

株価が上昇すればする程，効果は大きくなるため，株価の低い時期を見図らって，実行して下さい。

（文責：辻・本郷税理士法人）

31 自社株相続のための株価対策

1．自社株と相続税

相続税の課される相続財産としては経済価値のあるもの，たとえば現金・預金・株券・不動産等，そして自社株といったものが対象となります。ところで，相続税も他の税金と同様現金一時納付が原則であり，この納税資金を確保することが相続対策のポイントとなるわけです。

いま，現金10億円を持っている人が亡くなったと仮定しましょう。

配偶者と子供２人がいる場合の相続税は約1.8億円，次に配偶者が亡くなったときの相続税は約1.5億円ですから，合計で約3.3億円となります。すなわち，10億円の現金がすべて子供２人に移転するまでには，3.3億円の税金を支払わなければならないのです。ただし，この場合でも，手元に現金はありますので，納税資金についての心配は無用です。

ところで，相続財産が自社株の場合はどうでしょうか。

自社株の評価額が10億円とすると，現金の場合と同様に3.3億円の相続税がかかってきます。この相続税支払いのための原資は，銀行からの借入か，延納となります。

しかし，借入も延納もできない場合は，どうなるのでしょうか。最悪の場合は，会社をまるまる売却するか，会社所有の土地等を売却するなどして資金を調達しなければなりません。これでは，事業の承継や継続が難しくなります。

自社株対策は，決して個人の問題ではなく，会社の存続そのものがかかっているといっても過言ではないのです。

2．自社株の評価引下げは可能かどうか

相続税法上の自社株の評価は，一定の取決めにより行われています。したがって，会社の実態は同じであっても評価が高くなるケースと，低くなるケースに分かれることはあります。ですから，自社株の評価の引下げ方法は，その自社株の評価方法を利用することによって可能となるのです。

そして，対策後に株価が下がったところで，後継者に移転していけばよいのです。自社株評価が下がったからといって，それで喜んでいると，土地の評価が上昇したとか会社の利益が増加したとかいうと，また元の評価に戻ってしまう場合も考えられます。

そこで，評価が下がった時点で自社株を移転し終えてはじめて自社株対策が完了したということになるのです。そうすれば，その後にいくら土地の評価が上昇したとか，会社の利益が増加したりしても，相続時の評価には，何ら関係のないこととなります。

株価引下げ後早めの移転が有利

―― 贈与で将来の値上りを回避 ――

ご提案のポイント

自社株は思った以上に高くなっている場合が多く，そのまま放置し続けると年々上昇していきます。そのため早めの移転が必要となりますが，現状のままの移転より，株式対策をしてその評価を下げてから移転する方が，より少ない税金負担で済みます。

〈前提条件〉

(1) 資本金 1,000 万円（株式総数 200,000 株）

(2) 株式の相続税評価額

① 対策前　5,000 円／1 株

② 対策後　2,500 円／1 株

(3) 所有株数 100,000 株

(4) 毎年 1,000 株ずつ配偶者と子供２人へ贈与

（単位：万円）

項目	対策前			対策後		
	妻	子１人当り	３人計	妻	子１人当り	３人計
贈与財産	500	500	1,500	250	250	750
贈与税	53	48.5	150	14	14	42
10年間計贈与税	530	485	1,500	140	140	420

1,080 万円

※子の贈与税の計算には特例税率を使用しています。

評価の高い自社株を移転する場合，まず評価を下げることを検討してください。高い評価のまま移転するのと，対策後の低い株価になってから移転するのとでは移転の際の税金（贈与税）に大きな差があるばかりでなく，ケースによっては高い評価のまま移転した場合には，相続税よりも高い税金（贈与税）を支払ってしまう場合もあります。

次に，自社株を毎年定期的に後継者に贈与することが考えられます。贈与税の基礎控除は110万円ですから，仮に毎年評価額200万円の株式を贈与すると贈与税は，

(200 万円－ 110 万円)× 10%＝9 万円

で済みます。これを 10 年間続ければ評価額 2,000 万円の株式をわずか 90 万円の税金で移転したことになります。

なお，贈与のときは決算書から自社株の評価額を算出し贈与契約書を作成のうえ受贈者が申告しなければなりません。

（文責：辻・本郷税理士法人）

32 赤字決算時の自社株相続対策

1．赤字のときの類似業種比準価額

非上場株式の評価で用いられる類似業種比準価額方式における株式の比準要素は，

① 配当金額

② 年利益金額

③ 純資産価額

の3つです。このうち，会社が赤字になれば①の配当金と②の年利益金額はともにゼロになります。したがってこの場合の比準要素は純資産価額のみとなりますので，それを3分の1とすると，株価は大幅に下がります（ただし，直前々期に利益が出ていることとします）。

具体的な数値を使って説明します。今，ある会社の類似業種比準価額が次頁のような計算に基づいて423円と算出されます。もしこの会社が，赤字決算となりますと，配当，利益ともゼロとなりますので，株式の評価も140円と計算され，従来の約7割減となります。

ですから，会社が赤字になったからといって悲しんでばかりいるのではなく，どんどん株式の贈与をするべきです。

2．債務超過のときの純資産価額

類似業種比準価額方式における赤字の場合の評価は上記のとおりですが，では純資産価額方式の場合はどうなるのでしょうか。引き続き次頁を参考にします。

この場合は，たとえ赤字になったとしてもそれだけで株価は下がりません。

すなわち，純資産価額方式は，会社の損益という観点からではなく，保有資産の含み益などから，株価を算出するためです。

では，保有資産について総資産額よりも負債の価額が大きい場合，すなわち，債務超過の場合には，株価はどのように評価されるのでしょうか。

通常の場合の株価が38,900円と計算されます。ところが，債務超過の場合だと，株価が12,600円と計算されます。

以上の点からもご理解いただけたと思いますが，法人の株式評価の区分（大会社，中会社，小会社）を問わず，赤字決算または債務超過のときは，株式移転の絶好の機会であるといっても過言ではありません。

3．留意点

類似業種比準価額を構成する，配当，年利益，純資産の3つの比準要素が1.の場合，原則的には，純資産価額方式となりますが，一定の場合，純資産価額方式と類似業種比準価額方式との併用方式も可能です。また，全てゼロだと純資産価額方式となります。

純資産・類似業種共に評価下がる

── 赤字決算は自社株相続のチャンス ──

ご提案のポイント

会社が赤字または利益が少ないときは，株式移転のチャンスです。一般的に類似業種比準価額，純資産価額ともに株価が下がります。

ただし，赤字の状態は株式対策にはなりますが，会社の事業としては決して褒められたものではありません。ですから，たまたま赤字となったときや利益がわずかなときに，この移転方法を活用すべきなのです。

1．類似業種比準価額による株価（大会社）

$$500\text{円}\times\frac{\left(\frac{12\text{円}}{10\text{円}}+\frac{25\text{円}}{20\text{円}}+\frac{600\text{円}}{500\text{円}}\right)}{3}\times 0.7=423\text{円}$$

2．赤字の場合の類似業種比準価額による株価

$$500\text{円}\times\frac{\left(\frac{0\text{円}}{10\text{円}}+\frac{0\text{円}}{20\text{円}}+\frac{600\text{円}}{500\text{円}}\right)}{3}\times 0.7=140\text{円}$$

3．純資産価額方式による株価

・相続税評価額による総資産額　10,000 万円

・帳簿価額による総資産額　7,000 万円

・負債の額　5,000 万円

・発行済株式総数　1,000 株

〔(10,000 万円－5,000 万円)－{(10,000 万円－5,000 万円)－(7,000 万円－5,000 万円)}× 37%〕／ 1,000 株＝ 38,900 円

4．債務超過の場合の純資産価額方式による株価

前述したもののうち，負債の額が 8,000 万円の場合（赤字 3,000 万円が発生）

〔(10,000 万円－8,000 万円)－{(10,000 万円－ 8,000 万円)－ 0 万円(注)}×37％〕／1,000株＝ 12,600 円

このように，赤字決算の場合，類似業種比準価額，純資産価額ともに引き下げられます。

なお，赤字決算が続いた場合，類似業種比準価額方式を採用できないことがありますので注意して下さい。

(注) 帳簿価額による純資産価額，評価差額に相当する金額がマイナスの場合はゼロとなります。

（文責：辻・本郷税理士法人）

33 オーナー持株を従業員持株会に譲渡

従業員持株会とは，会員を社員に限定して資金を拠出させ各人の拠出額に基づいて持分，収益を分配する制度です。会社オーナーの相続対策としては，自社株が最大のポイントになってきますので，その一部を従業員持株会に移転して，相続財産を減らすことができます。

1．設立のメリット

① 安定株主の確保，株主分散の防止
② 売却希望株式の受け皿的機能
③ 社員の目標形成，経営参画意識の高揚
④ 会社オーナー自社株評価の引下げ

2．設立，運営のポイント

① 会への参加資格を規約上に明記する。
② 会は任意組合…理事長名義で管理信託されることによる事務の合理化，配当控除の適用
③ 会の持株比率はオーナー一族の会社の経営権に影響を及ぼさない範囲内とし，勤続年数や職位等によってランク別に割当てを行う。
※ただし持株比率３分の１未満とすること。
④ 株式の売買価額は，配当還元による価額を原則とする。退会時の買取り価額は明確にしておかないとトラブルのもとになる。
⑤ 「社員」と「役員」の区別を明確に行う。

3．自社株の評価メリット

自社株式の評価は，株の取得者によって異なります。オーナーやオーナー一族は相続税の原則的評価である純資産価額や類似業種比準価額といった高い評価額となるのに対し，同族株主でない社員については，評価額の低い配当還元価額が適用されます。

従業員持株会の設立は，オーナーにとっては自社株評価を引き下げることができ，従業員も配当というメリットを享受することができます。また，オーナーが発行済株式総数の３分の２以上の株式を保有していれば，株主総会の決議において支障をきたすことはありません。

4．持株会規約のポイント

次に従業員持株会規約のポイントについて述べますと，①参加メンバーの資格と脱退時期，②自社株式の売買価額の２つが主として内規となります。

一般的には，参加者は勤続何年以上，または相応の職位以上などの決め方が多く，脱退は退職時点です。一方，売買価額は配当還元方式が適用されますから，配当５〜10％のときは額面相当金額とし，15％の時は額面相当金額の1.5倍といった決め方が妥当なところです。

なお，自社株を会社が取得し従業員持株会に譲渡することも可能ですから検討をおすすめします。

持株会により自社株式の相続税評価額を下げる

―― 従業員には福利に役立ち財産形成 ――

ご提案のポイント

オーナー社長の持株を従業員持株会設立により，同会に社長持株比率３分の２を残すほか譲渡すると，高額の自社株評価額であっても配当還元価額により額面相当金額での譲渡が可能となります。

これにより，社長には譲渡代金が入り，従業員には福利対策の一石二鳥となります。

〈貴社の状況（例）〉

資本金…5,000 万円

発行済株式数…10 万株

オーナー社長の自社株評価額…１万円

配当還元価額…500 円

株主構成…社長 100％

以上のような状況において，オーナー社長が持株の 33.3％を放出して，従業員持株会を設立すると，社長から従業員持株会への株式売却価額は，配当還元価額によるものとし，この場合は 500 円になります。

（売却前）

社長の自社株評価

１万円× 10 万株＝ 100,000 万円

（売却後）

株式 １万円× 66,700 株＝ 66,700 万円

現金 500 円× 33,300 株＝ 1,665 万円

合計 68,365 万円

相続税評価額　（単位：万円）

売却前	売却後	増減
100,000	68,365	▲ 31,635

よって，資金流出がほとんどなく，相続税評価額が約３割引き下がる結果となります。また，オーナー社長の株式譲渡所得に対する課税関係は，取得価額と売却価額が等しいことから，発生しません。

また，相続財産が自社株のみ，配偶者，子供２人で相続した場合，各相続人が法定相続分で取得した場合の第１次相続（配偶者の税額の軽減を適用，第２次相続合計では，次のとおり 42％引き下げることができました。

相続税額　（単位：万円）

売却前	売却後	増減
31,230	17,905	▲ 13,325

（文責：辻・本郷税理士法人）

34 自社株評価下げの直前対策

1．3年内取得不動産より3年内取得株式

自社株の純資産価額を引き下げる目的で時価と相続税評価額とに差のある不動産を購入する方法は，購入不動産の評価が取得後3年経過するまでは時価で行われるため，短期的な対策としては有効ではなくなりました。それでは株式ではどうでしょうか？

5億円の土地を持っている他人の会社の株を考えてみてください。株の評価は，株の種類によって違いますが，上場会社でない，いわゆる自社株式については，純資産価額方式，類似業種比準方式，および両者の併用方式のいずれかの評価方式を選択して行われます。土地保有特定会社の株式評価は，原則純資産価額方式による評価方法のみしか採用できないため，当該会社の株価は次のようになります。

5億円の土地（帳簿価額1,000万円，相続税評価額2.5億円）しかない場合の純資産価額は，

2.5億円－(2.5億円－1,000万円)×37%
＝1億6,120万円

です。

この会社の株式全部を土地の時価相当額である5億円を支払い，自分の会社で購入したとするとどうでしょう。

含み益に対する37%控除のダブル適用（親会社と子会社の両方で37%控除を適用）はできないため，株式を購入した親会社の純資産価額は，

2.5億円（＝5億円－2.5億円）

だけ引き下げられます。

土地購入により短期的に純資産価額の引下げをしようとする場合は，ぜひ株式購入を検討してみてください。

2．留意点

株式購入により純資産価額を引き下げようとする場合，購入価額と将来における土地の処分が問題となります。

土地購入であれば，通常の時価を念頭において価額を決定することになりますが，株式購入の場合，将来の土地の処分が思うにまかせないことになる可能性があります。もし，次の売却の際も土地ではなく株ですることができればよいのですが，土地で売らざるを得なくなると，先ほどの例でいえば売却価額と帳簿価額1,000万円の差が売却益として実現するため，多額の法人税等を支払わなくてはなりません。

そのあたりを勘案して株式購入価額を決定することになります。

土地保有会社の株購入がコツ

ご提案のポイント

① 3年内取得不動産は時価評価ですが，3年内取得株式は相続税評価です。
② 土地を直接取得するより土地を持っている会社の株式を取得します。

〈前提条件〉

購入株式（B社）4億円

・購入株式のバランスシート

B社　B／S　（単位：万円）

科　　目	相続税評価額	帳簿価額	科　　目	相続税評価額	帳簿価額
土　　地	25,000（時価 50,000）	1,000	資　本　金	1,000	1,000

・株式を購入するA社の純資産価額…20億円（発行済株式数400,000株）

株式購入による純資産価額の引下げの効果をみてみましょう。

株式購入後のA社のバランスシートは次のとおりです。

A社　B／S　（単位：万円）

科　　目	相続税評価額	帳簿価額	科　　目	相続税評価額	帳簿価額
現　　状	200,000	200,000	借　入　金	40,000	40,000
購 入 株 式	25,000	40,000	資　本　金	2,000	2,000
計	225,000	240,000	計（資本金を除く）	40,000	40,000

（注）現状の20億円の純資産価額は余剰金と考える

このときのA社の相続税評価額は，

225,000万円－40,000万円＝185,000万円

となり，購入前と比較して15,000万円の純資産の減少です。

時価5億円の土地を1億円安い4億円で取得したとともに15,000万円の自社株評価の引下げとなったことになります。

なお，特定の評価会社に該当しないよう，事前に十分な検討を行う必要があります。

（文責：辻・本郷税理士法人）

35 分社戦略による株価の引下げ

1．類似業種比準価額の算式からみた株価引下げのポイント

類似業種比準価額は，

① 配当

② 利益

③ 純資産

の３つの要素を基礎として計算されることは，今までみてきたとおりです。ということは，この３つの要素について，それぞれできるだけゼロに近づくような対策を進めていけばよいわけですが，②および③については自ずと限界が出てきます。

ここで②の利益について，たとえばある製品の製造販売を営む会社があったとします。この会社を，製造部門と販売部門に分けて損益状況をみてみると，販売部門の利益がイコール会社の利益となっているとします。いい換えれば，製造部門は，収支トントンという状態にあるということです。では，この会社の販売部門を別会社に移転してしまえば，現法人の利益はゼロということになり，販売部門を独立した会社まで含めたグループ全体としては現状とまったく変わらない状況でもあるわけです。

2．具体的にみる引下げ効果

では，この利益部門を別会社に移すことによる株価は，どの程度下がるかを数字を使ってみてみると次のようになります。

A 類似業種株価 3,000円

B 配当の割合 1.2

C 利益の割合 3.0

D 純資産の割合 1.8

E 株価（大会社の場合）4,200円

この前提をもとに，利益部門を分離することによって，B配当の割合，C利益の割合をゼロとしますと，以下のようになります。

A 類似業種株価 3,000円

B 配当の割合 0

C 利益の割合 0

D 純資産の割合 1.8

E 株価（大会社の場合）1,260円

このように，配当と利益をゼロにしてしまうと，株価は現状の30％にまで下がるのです。一方，収益部門を移行した別会社の方は，現状と変わらず収益をあげるわけですから，グループ全体の状況は変わらず，何のデメリットもないわけです。

ただし，３比準要素（配当金額，年利益金額，純資産価額）がゼロである会社については，類似業種比準価額方式の適用はありません。

また，比準要素が純資産しかない状況が３年続くと，純資産価額の割合が増えますので，実行後の対策も必要です。

高収益部門分離で株価が下がる

── 分社作戦で類似業種比準方式をフル活用 ──

ご提案のポイント

① 会社組織のうち，高収益部門を独立させ，別会社とします。

② 利益部門が独立したことにより，“類似業種比準価額”が下がります。

③ グループでとらえると，現状と変わらない状態で株価が下がります。

〈前提条件〉

① 販売部門を子会社として独立させる。

② 配当と利益がそのまま分社後販売会社から生じる。

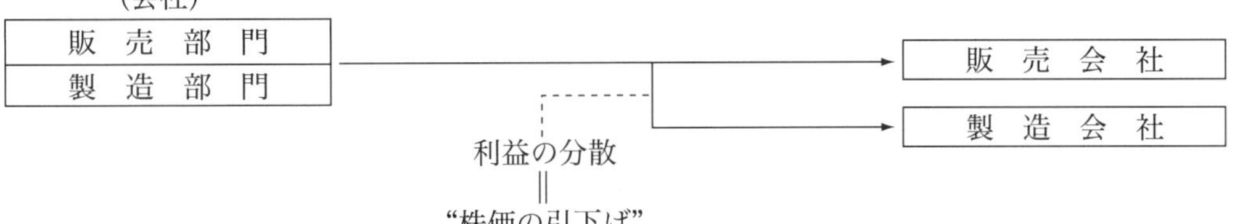

1．現状

項　目	50円当り		比準割合
	貴　社	類似業種	
配　当	5円	4円	1.25
利　益	50	60	0.83
純資産	100	140	0.71
株　価	―	1,500	0.93

類似業種比準価額（1株当り）

976.5円（＝1,500円×0.93×0.7）（注）大会社の場合

なお，創業後3年未満の会社，または直前期の3比準要素がゼロの会社については，類似業種比準価額方式の適用はありません。

2．分離後

項　目	50円当り			(製造会社)比準割合
	製造会社	販売会社	類似業種	
配　当	0円	5円	4円	0
利　益	0	50	60	0
純資産	50	50	140	0.35
株　価	―	―	1,500	0.11

製造会社の類似業種比準価額（1株当り）

115.5円（＝1,500円×0.11×0.7）（注）大会社の場合

大会社がこの分社等により，それぞれが中小会社になってしまうようなケースでは，株価が逆に上がってしまう場合がありますので注意が必要です。

（文責：辻・本郷税理士法人）

36 株式交換を使った株価対策

1．株式交換による持株会社の設立

ここでは，オーナー会社の株価引下げに対する株式交換のメリットを見ていくことにします。

下記の図をご覧下さい。

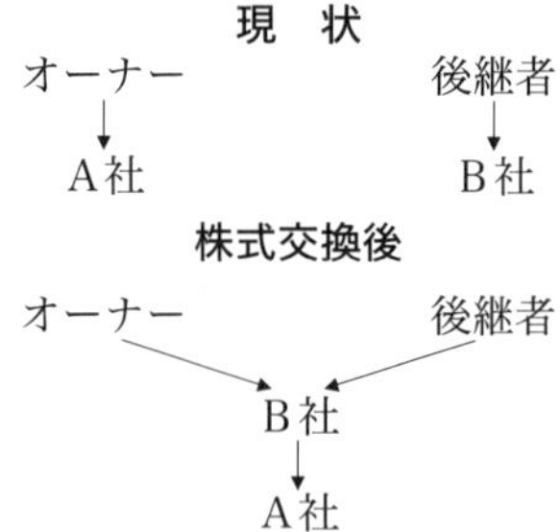

現状，オーナーはA社，後継者はB社の株式をそれぞれ所有しています。そこで，オーナーが所有するA社の株式をB社に現物出資して，その代わりにB社の株式の割当てを受けます。その結果，株式の所有関係は，株式交換後の図のようになります。

会社法上B社を完全親会社（税務上は特定親会社），A社を完全子会社（同じく特定子会社）といいます。

オーナーは，従来持っていたA社株式を手放して，B社株を手に入れるというわけです。後継者のB社株式に変動はありません。

2．税務の取扱い

税務上問題になるのは，オーナーのA社株式を手放すことによる株式譲渡課税です。A社株式とB社株式を交換しただけとはいえ，原則は，譲渡として取り扱われます。ただし，一定の要件さえ満たしていれば，譲渡税が繰り延べされる特例があります。

ここでは具体的には触れませんが，実務上困難な要件ではありません。

3．株価引下げへの影響

株式交換による株価引下げは一律に効果があるものではありません。影響される事項としては，①A社とB社の株価，②両者の株価算定方法，③株式交換比率などです。

その中で，もっとも単純なケースで考えてみましょう。

前図でA社とB社は1株当り純資産価額が同額とします。一方，類似業種比準価額は，A社が高く，B社が低いとします。

まず，交換比率をどのように決定するかが問題ですが，ここでは，両者の純資産価額，したがって交換比率は1対1です。

交換後のオーナーの株価はどうなるでしょうか。交換前も交換後も純資産価額方式による評価の場合，株価に影響はありません。ところが，類似業種比準価額方式あるいは併用方式の場合，B社の方がA社より低いため，交換後の株価は低くなります。

株式交換による株価引下げ

―― 株式の時価と相続評価の差 ――

ご提案のポイント

① 株式交換により株式の相続評価額に影響があります。

② 株式の時価が相続評価額より高い株式を所有する株主の場合，交換後の相続評価額は低くなります。(評価方法により違う場合もあります)

③ 逆に株式保有特定会社になると，高くなる場合もあります。

〈前提条件〉

A社の株主（甲），B社の株主（乙）とし，両者の発行株数は各1株とします。甲は，A社株式をB社に出資して，その代わりB社株式の割当を受けることにします。(前ページ図参照)

① A社の純資産価額
1株当り 1,000円

② A社の類似業種比準価額
1株当り 1,000円

③ B社の純資産価額
1株当り 1,000円

④ B社の類似業種比準価額
1株当り 500円

⑤ 交換比率（純資産価額比） 1対1

⑥ 交換により，B社の資本準備金の増加はない

⑦ 資産の含み損益はない（37％の税効果は考慮しない）

交換後，B社の発行済株式総数は2株。甲が1株，乙が1株です。

さて，B社株式の相続税評価額ですが，その前に，完全子会社となったA社の評価額は交換前と同じ1,000円です。

B社の類似業種比準方式による株価は，株数が倍になったため，1株当り250円(厳密には株式の受入処理があるため若干違いますが)。また純資産価額との併用方式(0.5)ですと同625円($\frac{(1,000+250)}{2}$)，純資産価額方式ですと1,000円になります。

この場合，A社の株主甲は，交換前1株1,000円だったものが交換後1株当り250円（類似業種比準方式の場合）になります。

なお，B社は株式保有特定会社に該当しやすくなりますので，実行後も継続的な対策が必要となります。

（文責：辻・本郷税理士法人）

37 投資育成会社の活用

1．投資育成会社とは

投資育成会社とは，「中小企業投資育成株式会社法」に基づいて設立された中小企業の自己資本充実を図るための政策機関をいいます。具体的には，東京中小企業投資育成株式会社，大阪中小企業投資育成株式会社，名古屋中小企業投資育成株式会社の３社です。これら各社の主な業務は，ベンチャービジネスへの投資です。ベンチャービジネスに資本参加することで将来の店頭登録や株式公開を含む中小企業のさらなる発展の手伝いをします。

2．資本参加の方法

投資育成会社が資本参加する場合の方法は，原則として資本金が３億円以下の株式会社を対象に第三者割当による増資新株引受けで行われます。引受限度は増資後の発行済株式総数の50％以内の範囲ですが，30％程度が一般的です。

引受けの際の価額については，通常第三者である者が引き受ける場合の価額である，いわゆる時価ではなく，投資育成会社の採用する独自の評価に基づくものです。この引受け価額については国税当局との間で合意されており時価との差についての課税はありません。評価は次の算式で行われます。

$$評価算式=\frac{1株当り予想純利益\times配当性向}{期待利回り}$$

算式のうち１株当り予想純利益や期待利回りは一定の評価基準に基づいて算定されますが，いずれにしても企業の持つ含み資産等を直接的には勘案しておらず，自社株評価の際の配当還元方式に近いものといえます。したがって，50円の額面の株式については50円～100円程度の引受け価額にしかならないのです。

3．支配権との関係

引受け割合が50％以内の範囲内と述べましたが，50％もの持株になると経営の安定が図れないのではないか，と心配になります。これについては，企業育成のための政策機関ということもあって，株主総会には参加しても経営には干渉しないことになっています。

4．相続対策として有効か

上述したように投資育成会社の資本参加自体，中小企業の育成を目指したもので自社株対策とは別の問題です。増資後の自社株の評価はどうなるでしょう。たとえば50％の増資がされた場合，増資後の総株式数は増資前の２倍です。一方，引受け価額が額面に近いことを考えると純資産価額はほとんど増えていないことになります。つまり，１株当りの評価額が相当引下げられています。

結果的に，自社株の相続税対策になっていることがわかります。

評価額が下がる第三者割当増資

ご提案のポイント

① 支配権に影響しない第三者割当により株式総数が増えます。
② 割当価額は，いわゆる時価とは無関係な評価額（結果的には額面の２倍程度）が設定されます。

〈前提条件〉
・現状　資本金　1,000 万円
・第三者割当株式数　70,000 株（発行価額 100 円）
・１株当り相続税評価額　2,500 円

以上で増資前と増資後の株価を比較してみましょう（純資産価額方式による場合）。

区　分	増資前	増資後	差
純資産価額 発行済株式数 新株式数	50,000 万円 200,000 株 －	50,700 万円 200,000 株 70,000 株	700 万円 － 70,000 株
発行済株式総数 １株当り評価額	200,000 株 2,500 円	270,000 株 1,877 円	70,000 株 ▲ 623 円
評価総額 （オーナー分）	50,000 万円	37,540 万円	▲ 12,460 万円

増資による新株式は 70,000 株ですが，引受けはすべて投資育成会社となるため，オーナーの持株割合は減少します。増資前 100％だったものが増資後は 74％（＝ 200,000 株÷270,000 株）になります。つまり，26％相当の財産が持株割合の減少を通して投資育成会社へ移転しています。

さて，この移転をどう考えるかです。財産とは所有権，使用権，処分権を含んだものです。投資育成会社が形式的には一定の持株割合を有することになりますが，支配権を行使しない以上，つまり，株を他に売却等しなければ実質的な財産移転はないといえます。ぜひ，検討してみてください。

ただし，その後は高めの配当を強制され，経営も健全化される形となりますので，結果的に類似業種比準価額が高くなりやすくなります。主に元々の類似業種比準価額が高い高収益企業や，純資産価額で評価される特定評価会社向けの対策になります。

（文責：辻・本郷税理士法人）

38 未上場株式を後継者に集中

1．事業承継時の遺留分の制約に対する特例

民法においては，一定の相続人に対して生活の保障や，相続人間の極端な不公平を是正するために遺留分を認めています。しかし，その反面，事業承継における自社株式等の承継に対してはその遺留分が大きな制約になっていました。そこで，2009年3月1日から遺留分の目的を生かしつつ，自社株式等を後継者に円滑に承継できるように，経営承継円滑化法の遺留分に関する民法の特例が制定されました。

適用対象となる中小企業は下表のとおりです。

2．特例の主な内容

この特例では，先代経営者の遺留分を有する推定相続人が，次のような合意をすることができます。

(1) 除外合意

除外合意とは，後継者が贈与等により旧経営者から取得した株式の全部または一部について遺留分算定の財産に含めないことを，後継者を含む旧経営者の推定相続人（兄弟姉妹を除く）全員が書面により合意することです。

(2) 固定合意

固定合意とは，後継者が贈与等により旧経営者から取得した株式の全部または一部について遺留分算定の財産に算入すべき価額を合意時の価額とすることを，後継者を含む旧経営者の推定相続人（兄弟姉妹を除く）全員が書面により合意することです。

なお，この特例は従来は親族内承継が前提とされていましたが，推定相続人全員と後継者の合意があれば，2015年1月以降は親族外承継の場合でも適用を受けられることとなりました。

3．民法改正

上記除外合意や固定合意がない場合，民法改正により，2019年7月以降については，相続開始前10年以内にされた贈与に限り，遺留分を算定するための財産の価額に算入することとなります。ただし，当事者双方が遺留分権利者に損害を与えることを知ってしたものについては，10年を超えた部分についても算入されます。

図表　適用対象となる中小企業

業種	要件
製造業，建設業，運輸業，ソフトウェア業，情報処理サービス業等	資本金3億円以下または従業員300人以下
ゴム製品製造業（自動車，航空機用タイヤ・チューブ，工業用ベルト製造業を除く）	資本金3億円以下または従業員900人以下
卸売業	資本金1億円以下または従業員100人以下
小売業	資本金5,000万円以下または従業員50人以下
サービス業	資本金5,000万円以下または従業員100人以下
旅館業	資本金5,000万円以下または従業員200人以下

民法特例の合意の効果

ご提案のポイント

① 除外合意においては，株式が分散して後継者に経営権が承継できなくなったり，経営権が不安定なものになることを防ぐことができます。

② 固定合意においては，後継者は生前などに取得した自社株式の価値の増大によって非後継者の遺留分が増大することを防ぐことができます。よって，会社経営に対する意欲がそがれません。

③ 合意価額については，弁護士・公認会計士等が証明したものでなければなりません。

〈前提条件〉

甲：先代経営者　　A：後継者（相続人）

B：非後継者（相続人），遺留分 $\frac{1}{6}$　　C：非後継者（相続人），遺留分 $\frac{1}{6}$

甲からAへ株式が生前贈与され，事業が引継がれている

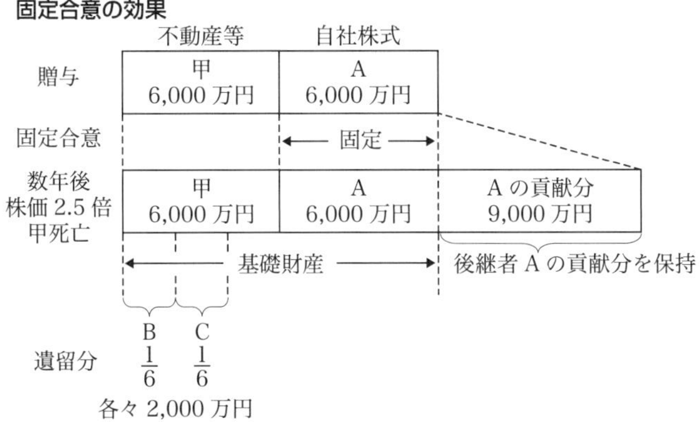

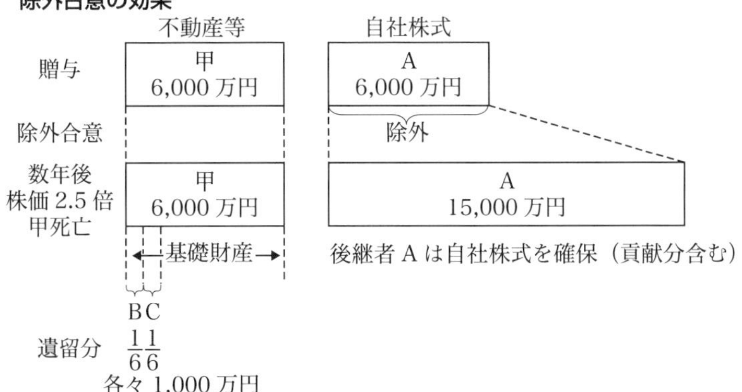

（文責：辻・本郷税理士法人）

39 オーナー所有株式の資金化対策

1．自社株の譲渡価額

未上場株式である自社株式を譲渡する際の価額は，譲渡する側と譲渡される側の合意により決定されます。

ところで，当事者間で合意した譲渡価額によっては，課税が生じる場合があります。というのは，税務面からみたあるべき価額と当事者間で合意した価額とに差異が生じているような場合，その差額について課税が生じることになるからです。

2．課税の生じない譲渡価額

税務面からみたあるべき価額も一様ではありません。法人（会社）が当事者とならない売買(つまり，個人間売買)と法人が当事者の一方または両者になっている場合とでは，課税の生じない価額も違ってきます。

前者の個人間売買のケースでは，株式の相続税評価額未満の譲渡価額の場合，贈与税の課税が生じることになります。つまり，相続税評価額よりも低く株式を取得した側に，その安い分だけの贈与があったとして贈与税が課税されます(譲渡した側は，実際の譲渡価額による譲渡益に対する課税)。

一方，法人が当事者のどちらかである場合の譲渡価額は「時価」でなければ，課税が生じます。「時価」よりも低い価額で株式を譲り受けた法人は，その差額につき受贈益が計上されます。また，「時価」よりも低い価額で株式を譲渡した法人は，その差額が寄付金とされます。

このように，法人が当事者となる場合，「時価」との差額について課税が生じることになるため，譲渡価額が「時価」かどうか問題となります。

3．「時価」とは

自社株の「時価」については，上場株式のような取引相場がないため，その算定が問題となりますが，原則的には，財産評価基本通達及び法人税基本通達で定められている「小会社方式」「含み益の37％控除なし」としての評価額となります。

また，対象会社が土地または上場株式を所有している場合は，「1株当り純資産価額」の計算にあたり，これらの資産についてはその時点の時価（相続税評価額ではなく取引相場）によります。

4．所有株式の関連会社への売却

オーナーの所有する株式を関連会社へ売却する場合も，前述した「時価」でもって行う必要があります。

オーナーの自社株を関連会社へ売却した場合の効果は次のとおりです。

① 換金性の乏しい資産（自社株）を低い税率で換金することができる。

② 資金化することで，相続税対策が容易になる。

③ 株数の減少により，将来の自社株評価のアップが抑えられる。

関連会社への売却で事業承継

── 高収益企業は早い時期ほど税務上有利 ──

ご提案のポイント

自社株の「時価」がそれほど高くない場合，今のうちに関連会社へ売却してはいかがでしょうか。将来の自社株の評価アップを避けることができると同時に，資金化することで相続対策も容易になります。

〈前提条件〉

① オーナーの所有株式

(イ) 総株数 10,000 株(資本金 500 万円)

(ロ) 相続税評価額 7,000 円／1 株

(ハ) 株式の時価 8,500 円／1 株

② 関連会社への売却株式数 5,000 株

③ オーナーの所有する財産評価額（自社株除く） 50,000 万円

④ 配偶者，子供 2 人

株式売却による税金

オーナー株式の売却による売却益については，株式等にかかる譲渡所得等として 20.315％（所得税及び復興特別所得税 15.315％，地方税 5％）の分離課税が行われます。

（単位：万円）

項 目	金 額	摘 要
売却価額	4,250	(5,000 株× 8,500 円)
取得価額	250	(5,000 株× 500 円)
売却益	4,000	
所得税・住民税	813	(4,000 万円× 20.315%)

※所得税には，復興特別所得税が含まれます。

したがって，売却後の手取りは，3,437 万円（4,250 万円−813 万円）となります。

相続財産への影響 （単位：万円）

項 目	現 状		売却した場合（10 年後）
	現状	10 年後	
自社株評価額	7,000	10,500	5,250 (5,000 株)
その他財産	50,000	50,000	50,000
現金	—	—	3,437 (株式売却後の手取)
相続財産計	57,000	60,500	58,687

（注） 自社株評価アップ（10 年後）50％増

（文責：辻・本郷税理士法人）

40 マネジメント・バイアウト（MBO）

1．マネジメント・バイアウト（MBO：Management Buyout）とは

「MBOとは，現在の経営者が資金を出資し，事業の継続を前提として対象会社の株式を購入することをいう」とされています（「企業価値の向上及び公正な手続確保のための経営者による企業買収（MBO）に関する指針」(2007年9月経済産業省)）。

実際には様々なスキームがあり，会社のM&Aの手法の一つとして，会社の経営陣が株主から自社株を買い取ったり，会社の事業部門のトップがその事業部門を事業譲渡，会社分割等により事業を買い取る，企業グループの中の一事業部門を担う子会社の社長が親会社からその会社を買い取る等で，経営陣や部門長がオーナー経営者として独立する手段として行われています。

【メリット】

・現経営陣がオーナーになり，引き続き経営を行うので，経営方針が変わらず事業が継続される

・オーナー社長になることによって経営意思決定の迅速化が図られる

・後継者がいない会社の事業承継が可能となる

・オーナーは，自社株を資金化することができる

【デメリット】

・現経営陣にとっては，多額の資金が必要となる

・オーナーが退くことによって，取引関係の解消，売上高が減少する恐れがある

2．プロセス

一般的には，買収会社を設立し，株式を買い取る方法があります。手続きは以下のとおりです。

① 買収会社の設立

オーナーから株式を買い取るための受け皿会社として，買収会社を設立します。なお，この買収会社が金融機関やファンドから買収資金を資金調達します。

② 株式の買取り

オーナーから時価で株式を買い取ります。なお，一般的には，創業家等の大株主との間での事前協議が重要になります。

③ 完全子会社化

株式の買取により対象会社を買収会社の完全子会社とします。

④ 合併

③により対象会社を完全子会社化した後，親会社となった買収会社を被合併法人，対象会社を合併法人とする吸収合併を行います。なお，③により完全子会社となっているため，税務上は適格合併に該当し，課税は生じません。

また，合併により，買収会社が資金調達した買収資金に関する借入金は対象会社の借入金となり，対象会社のキャッシュ・フローで返済することになります。

後継社長へ自社株売却

ご提案のポイント

① 後継社長が新会社を設立し，その新会社が，事業会社の信用で買取資金を調達
② 経営から退いたオーナーから株式を買い取り，100%子会社化
③ 新会社と事業会社が合併し，買取資金は事業会社の資金で返済

〈前提条件〉

① 後継社長が新会社を設立し資金調達　② オーナーから株式買取

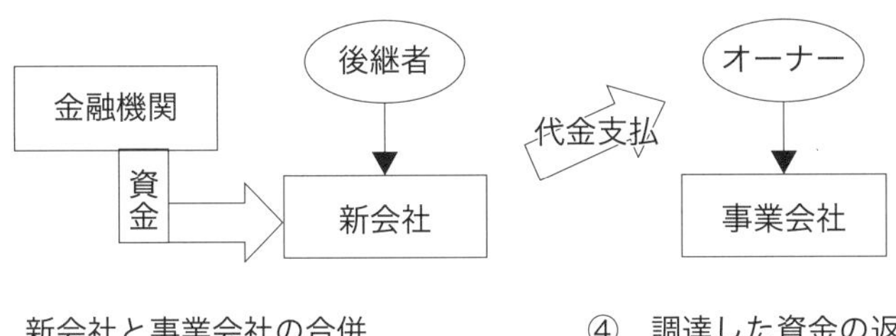

③ 新会社と事業会社の合併　④ 調達した資金の返済

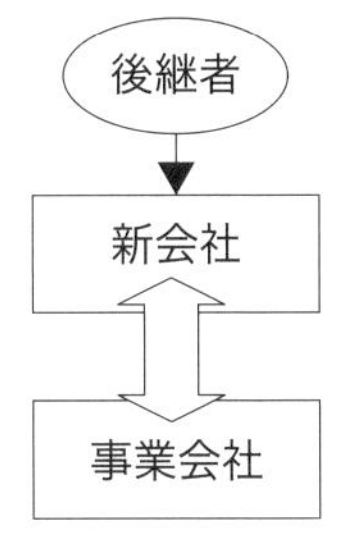

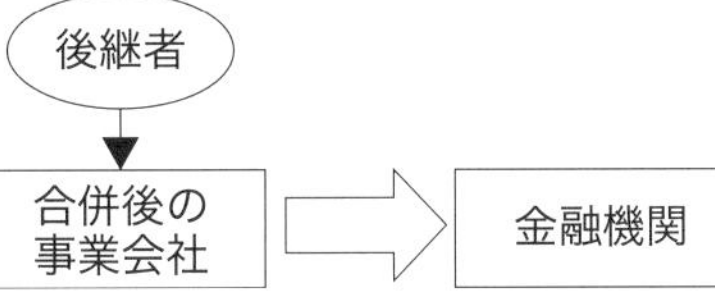

1．オーナーの税金

自社株売却益に対して，20.315%（所得税 15.315%，地方税 5%（所得税には復興特別所得税が含まれます））の分離課税が行われます。

2．合併に際しての注意点

合併前の新会社と事業会社との持株比率が 100%でない場合，合併の際に事業会社が保有する資産の含み益が実現したものとして課税される可能性があるため，注意が必要です。

（文責：辻・本郷税理士法人）

41 自社株評価は大会社が有利

1．大会社における評価のメリット

未上場株式の評価方法は，類似業種比準価額方式と，純資産価額方式の２つの方式の組合せにより行われます。この２つの方式をどのようにして組み合わせるのかは，

① 従業員数
② 総資産価額（業種による判定あり）
③ 年取引金額（業種による判定あり）

の３つの基準により決められており，それぞれ大会社，中会社，小会社の区分に分けられます。この３つの区分の中で，大会社だけが，類似業種比準価額方式だけで評価をすることができます。

2．具体例にみる引下げ効果

今，ここに製造業を営むＡ社という法人があり，Ａ社の株価は 0.5 ～ 0.7 の斟酌率を乗ずる前の類似業種比準価額が 1,000 円(大会社で 700 円，中会社では 600 円)，純資産価額が 5,000 円という状態にあり，その評価額は中会社(Ｌの割合 0.75)であるため，1,700 円となっています。このＡ社が，関連グループ会社を統合し，取引金額が 15 億円以上の規模になったとすると，Ａ社の区分は“大会社”となり(大会社となるためには，他に“従業員数”“総資産価額”の基準を使うこともできます)，その株価は類似業種比準価額と純資産価額のうち，いずれか低い金額となりますから，その株価は 700 円と算定されます。こうすることで，株価を２分の１以下に引き下げることが可能となります。言い換えれば会社規模が大会社となることで，１円の社外流出もなく，株価対策を実行することが可能なのです。

※業種が異なる法人同士の統合では，業種が定まらないため，類似業種比準価格を使用できないおそれがありますので，注意が必要です。

3．対策が効果的な会社とは

この対策は，例えば古くからの土地を保有しているなど，帳簿価額と時価との差が大きくなっている会社に特に有効です。

大きな含み益がある会社は純資産価額が高くなる傾向があり，類似業種比準価額と純資産価額に極端に差異が生じやすいため大きな効果を期待できます。

また，さらにこの発想を一歩前へ進めますと，大会社に移行するとともに業種転換も図り，株価の低い業種に移行することも考えられますが，経済合理性があるかの十分な検討が必要でしょう。

このように，一定の条件がそろった法人の株価対策としては，この大会社への移行は大きな役割を果たすのです。

なお，土地保有特定会社および株式保有特定会社の株式評価については，類似業種比準価額方式の適用はありませんから，評価対象会社の資産構成には十分な注意を払いましょう。

大会社は類似業種比準価額適用

―― 従業員数が70人以上なら大会社。70人未満でも，製造業なら年商15億円が基準 ――

ご提案のポイント

既存の中会社，小会社を大会社へ移行する手段を考えてみましょう。たとえば，関連会社が数社ある場合，それらを統合することによって大会社基準を満たすケースもあると思われます（※）。ご検討ください。

（※）ここでは，卸売業，小売業，サービス業以外の業種を例示します。

Ａ社の現状（中会社）

評　　価	１株当り評価額
類似業種比準評価額	600円
純資産評価額	5,000円
株式評価額	1,700円（注）
年　　商	12億円

（注）　600円×0.75＋5,000円×(1－0.75)

（大会社）

評　　価	１株当り評価額
類似業種比準評価額	700円
純資産評価額	5,000円
株式評価額	700円
年　　商	15億円

未上場株式の評価をする場合，大会社としての適用を受けるためには，①従業員数が70人以上，②取引金額が15億円以上，③従業員数35人超で総資産価額が15億円以上のいずれかに該当することが必要です。いずれにしても，実体として大会社にふさわしい基準といえます。

ここでは，取引金額15億円以上の要件に注目して大会社になるケースがないかどうか検討してみましょう。

ある程度の規模の会社になると関連グループとして数社を傘下においている例は少なくありません。１社で15億円の売上を満たしていなくてもグループ全体の売上を集計すると15億円以上になることがあります。もちろん，統合することで相殺される売上もあるでしょうが，結果的に年商15億円以上であれば従来の中会社から大会社へ会社区分を変えることができるというわけです。

（文責：辻・本郷税理士法人）

42 役員報酬と配当のいずれが有利か

“役員報酬の増加でダブルメリットを”といわれてもピンとこない方々が多いと思います。どういうことなのでしょうか。

1．配当と役員報酬の違い

今ある会社のオーナーの年間収入が，役員報酬2,000万円，自社からの配当収入620万円の合計2,620万円だったとします。この配当収入を役員報酬に替えても，個人に対する所得税および住民税は，総収入2,620万円ということで変わりません(配当控除，給与所得控除は除く)。しかし，法人の課税関係を考えると配当金の性格は，法人が出した利益に対して法人税等を支払い，残った可処分所得を財源として支払われるものです。すなわち，配当金は法人税を払って，さらに所得税も払うという二重課税の構造をもつものなのです。

2．株価の引下げにも効果

配当収入を役員報酬に替えると，オーナーの所有する未上場株式を評価するうえで，類似業種比準価額の引下げにもつながります。類似業種比準価額は，自社の“配当”“利益”“純資産”の3つの比準要素から算定されます。配当をゼロにし，しかも役員報酬の増加によって利益も引き下げるわけですから，株価は引き下げられます。

ただし，比準要素2つ以上が3年間ゼロである会社は，類似業種比準価額方式の適用が制限されますので注意して下さい。

個人の収入総額を変えなくても，その内訳が配当金であるか役員報酬であるかで，課税所得に大きな違いが出てくるケースがあるのです。

3．将来の役員退職金も役員給与がベース

さらに，役員報酬を適正な範囲内で高くしておくことは，将来の役員退職金を支払う際にも役立ちます。役員退職金の税務上の適正額は，退職時の月額役員報酬を基準として算定されるからです。

配当は二重課税のため法人に不利

── 法人税削減と自社株評価下げの一石二鳥 ──

ご提案のポイント

① 配当は適正な役員報酬を支払ってからにしましょう。
② 配当は税引後の分配金であり，さらに税金がかかることになります。
③ 役員報酬は損金となるため，税引前の利益を引き下げます。
④ 法人・個人を合わせて考えると，社外流出を減らす結果となります。
⑤ 法人の利益・配当を抑えることで，自社株評価も下がります。

〈前提条件〉

配当金額700万円を役員報酬で支給。概算税率：法人税等30%，所得税50%

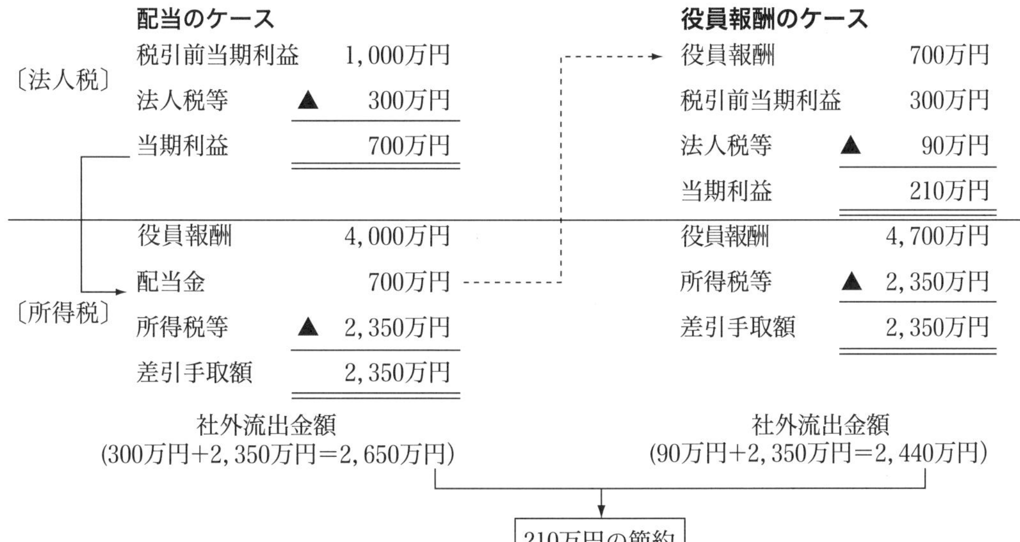

(実際には，軽減税率，配当控除，給与所得控除など，さまざまな要素を考慮する必要があります。)

高い役員報酬が支払われるべきなのに，支払われていない会社が結構あります。不相当に高額な役員報酬は損金に算入できないので，支払う必要はありませんが，役員の業務として適正額であれば支払うべきです。

そうすることによって，節税効果もあり，自社株評価も下がり，さらに将来の退職金も多くとれます。

(文責：辻・本郷税理士法人)

43 自社株相続人からの株式買取り

1．金庫株の税務

(1) 売却した側の税務

		売却株主	
		法人株主	個人株主
公開株式	市場買付	譲渡益課税（みなし配当課税なし）	
	公開買付（TOB）	みなし配当＋譲渡益課税	
非公開株式	相対取引	みなし配当＋譲渡益課税	

売却価額

資本等の額 ←みなし配当→（課税対象最高55.945％の税率）

取得価額 ←譲渡益→←譲渡損→

取得価額

①原則

原則，個人株主が非上場株式を発行会社に売却した場合には，「みなし配当」課税として他の所得と合算される総合課税の対象となり，所得税，復興特別所得税及び住民税の合計で最高55.945％の税率で課税されます。

②特例

相続で取得した非上場株式を相続税の申告期限後３年以内に発行会社に譲渡した場合，一定の要件を満たすことで，みなし配当課税は行われず，その譲渡対価の全額について株式の譲渡所得課税が行われます。上記の特例対象者の範囲には相続または遺贈により非上場株式を取得したものとみなされる個人（自社株の一括贈与を受け，贈与税の納税猶予の適用を受けた後継者は，自社株を相続により取得したものとみなされます）も含まれます。

※譲渡として扱われるため，その譲渡所得の金額の計算上，負担した相続税額のうち一定額を取得費に加算する「相続税額の取得費加算の特例」を受けることができます。

(2) 取得法人の税務

自己株式を取得した法人については，資本等取引となりますので，課税関係は生じません。

2．別会社の活用

自己株式を売却した場合には，総合課税部分（みなし配当等）と分離課税部分（譲渡損益）に分けて課税されることになります。

みなし配当については，総合課税になりますので，給与所得等の他の所得が高い場合には，税率が高くなり，結果として税負担が増える場合があります。

そのような場合には，別会社が株式を購入するという方法が考えられます。

こうすることで，自己株式の売却ではなくなりますので，すべて譲渡所得として扱われます。

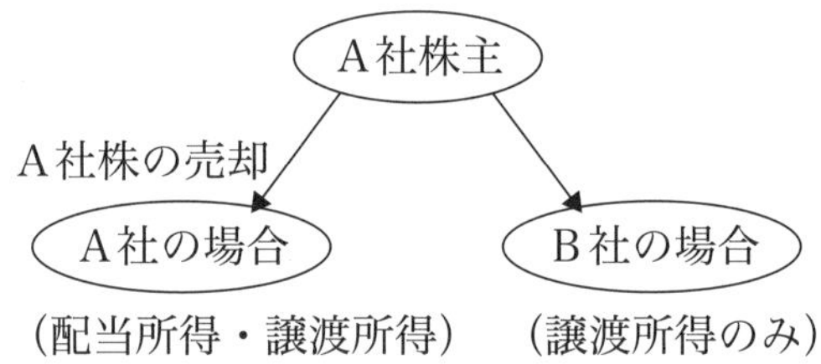

3．買取価額

会社が相続人から自社株を買取る場合の買取価額は，いわゆる「時価」になります。

単純に「相続税評価額」で売却しますと税務上問題が残ることになります。

時価の算定方法としては，「時価純資産価額」や「（類似業種比準価額＋時価純資産価額）÷２」といった方法により算出することになります。

相続人の自社株式の会社への売却

── みなし配当課税よりお得な，譲渡所得課税を適用 ──

ご提案のポイント

相続人が相続した非上場株式を，相続税の申告期限後３年以内に発行会社へ売却した場合，最高税率55.945％の「みなし配当」課税は適用されず，譲渡所得課税が適用され，20.315％の税率（復興特別所得税を含む）の負担で済みます。

〈前提条件〉

Ａ氏は相続で取得した株式を，発行会社Ｂ社（非上場会社）に売却した。

(1) 売却価額	20,000円／株		(5) 売却株数	10,000株
(2) 取得価額	10,000円／株		(6) Ａ氏の相続税額	２億円
(3) 資本金等の額	10,000円／株		(7) Ａ氏の相続課税価格	３億円
(4) 相続時の相続税評価額	6,000円／株			

①相続税の申告期限後３年超の譲渡の場合（みなし配当による総合課税）

（20,000円－10,000円）×10,000株＝10,000万円（みなし配当）

10,000万円× 55.945％（最高税率）＝5,594.5万円

5,594.5万円

差引手取額：4,405.5万円

※配当控除は考慮していません。

②相続税の申告期限後３年以内の譲渡の場合（譲渡所得による株式分離課税）

取得費加算

$$20{,}000\text{万円}\times\frac{6{,}000\text{万円}}{30{,}000\text{万円}}=4{,}000\text{万円}$$

20,000万円－（10,000万円+4,000万円）＝6,000万円

6,000万円× 20.315％＝1,218.9万円

1,218.9万円

差引手取額：4,781.1万円

（文責：辻・本郷税理士法人）

44 金庫株を活用した株式の資金化

1．金庫株の活用

会社は株主総会の決議により，株主から自由（配当可能利益の範囲内であれば，株式数に制限はありません）に自己株式を取得できます。この自己株式のことを金庫株とも言います。

金庫株を取得する目的は，公開会社などであれば，株価対策等が挙げられますが，中小企業を中心とした一般の非公開企業にとっては，以下のような場面において，活用することが想定されます。

① オーナー個人の所有株式を買取
② 関連会社の所有する株式を買取
③ 役員・従業員・取引先等の所有する株式を買取

2．金庫株売却による課税関係

通常個人所有の株式売却については（未上場会社の株式の場合），20.315％の申告分離課税が適用されます。また，会社所有の株式売却については，その売却益ないし売却損に対する法人税が課税されます。ところが，金庫株の売却に関しては，特別の取り扱いとなります（表のとおり）。

株式所有者（売却者）	通常	金庫株の場合
個人	20.315％申告分離課税	(1) 取得価額＜資本金等の額 配当収入は総合課税 有価証券譲渡益は 20.315％分離課税 (2) 取得価額＞資本金等の額 配当収入は総合課税 有価証券譲渡損は所得税法上なかったものとする
法人	売却益（損）に対する法人税	(1) 取得価額＜資本金等の額 配当収入，売却益に対して法人税（受取配当等の益金不算入の適用あり） (2) 取得価額＞資本金等の額 配当収入，売却損に対して法人税（受取配当等の益金不算入の適用あり）

個人は，配当所得が総合課税となるため，他の所得，たとえば不動産所得や譲渡所得で損失がある場合，配当所得との損益通算が可能になります。株式の申告分離課税の場合は，一定の株式売却との通算ができるだけで，不動産所得の損失などとは通算できません。

一方，法人は配当収入が利益になる（決算書上）ものの，税務上の受取配当金益金不算入制度（申告の際利益から除く）があるため一定額が税金の対象から除かれることになります。

このように同じ株式の売却ではあっても，通常の株式売却と金庫株による株式売却とでは税務上の取り扱いが異なります。

特に，法人の益金不算入制度の活用により，株式売却代金をほとんど無税で資金化することができますので，検討してみて下さい。ただし留保金課税が生じる場合がありますのでご注意下さい。

なお，グループ法人税制により100％グループ内の同取引については，税務上，売却損益は計上されなくなりましたので，ご留意下さい。（66～68グループ内取引等にかかる税制参照）

株式売却代金を無税でプール

―― 受取配当の益金不算入の活用 ――

ご提案のポイント

① 法人の所有する株式を金庫株として売却した場合，受取配当益金不算入の適用ができます。

② 益金不算入とは売却代金のうち一定額が税金（法人税等）の対象から除かれるということです。

③ 株式の保有割合が３分の１超，保有期間６カ月以上の場合，売却代金がほとんど無税でプールできます。

※ 保有期間６カ月以上の場合で最大 100%，それ以外の場合は最大 50%

〈前提条件〉

① Ｂ社の所有するＡ社株式 350 株をＡ社へ売却します（Ｂ社はＡ社株式を 35%保有)。

② Ａ社は金庫株として自己株式 350 株（総発行株式数 1,000 株）を時価で買取ります。

③ 買取価格　総額 3.5 億円（１株百万円)

④ Ａ社の資本金等の額　１億円（Ｂ社株式に対応する金額：3,500 万円)

Ｂ社の資金収支　（単位：万円)

項　　目	所得収支	資金収支
売却代金	35,000	35,000
取得価額	3,500	―
売却益	31,500	―
受取配当益金不算入	▲ 31,500（注)	―
収支	0	35,000
税金	0	0

なお，売却代金を支払う際，配当として 20%の源泉徴収が行われますが，申告の際控除されます。また留保金課税の負担が生じることがあります。

(注) 受取配当益金不算入の計算上，控除負債利子はないものとして計算しています。

（文責：辻・本郷税理士法人)

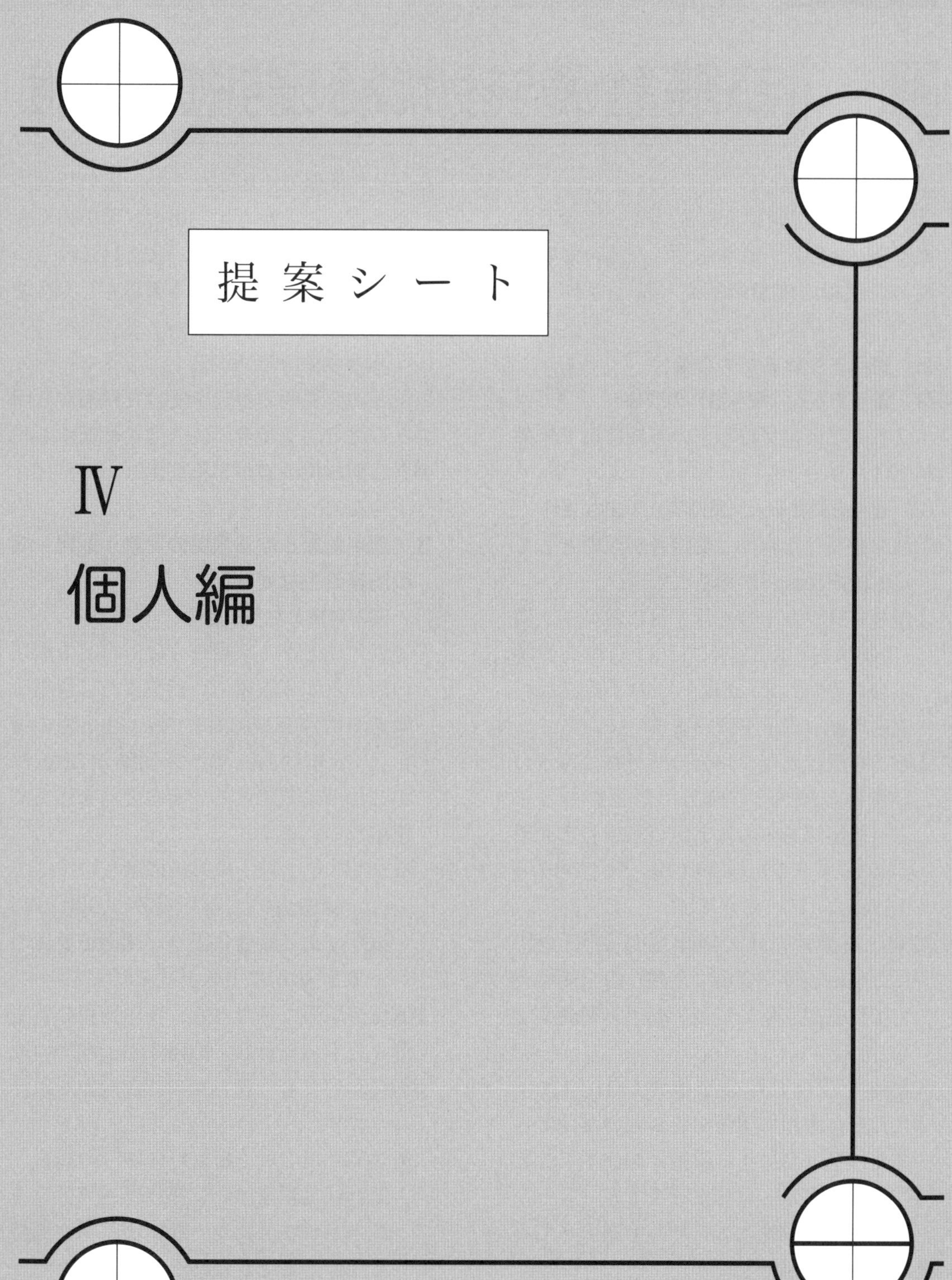

提案シート

Ⅳ
個人編

45 住宅取得等資金の贈与を受けた場合の贈与税の非課税制度

１．制度の概要

2015年度税制改正において，住宅取得等資金（金銭）の贈与を受けた場合の贈与税の非課税限度額が拡充・延長されました。

２．適用を受けるための条件

(1) 贈与する人（贈与者）の要件

父母または祖父母などの直系尊属で年齢制限はありません。

(2) 贈与を受ける人（受贈者）の主な要件

①贈与を受けた時に，受贈者が原則として日本国内に住所があること

②贈与を受けた年の1月1日において，満18歳以上（2022年3月31日以前の贈与の場合は，20歳以上）の子や孫等の直系卑属（養子を含みます）であること

③贈与を受けた年の年分の所得税に係る合計所得金額が2,000万円以下であること（新築等をする住宅用の家屋の床面積が40㎡以上50㎡未満の場合は1,000万円以下）

④贈与を受けた年の翌年3月15日までに，住宅取得等資金（金銭）の全額を充てて住宅用家屋の新築・取得・増改築をすること

⑤贈与を受けた年の翌年3月15日までに，その家屋に居住することまたはできるだけ速やかにその家屋に居住することが確実であると見込まれること

相続時精算課税による贈与を選択している場合にも適用できます。

⑥自分の配偶者，親族などの一定の特別の関係がある人から住宅用の家屋の取得をしたものではないこと，またはこれらの方との請負契約等により新築もしくは増改築等をしたものでないこと。

(3) 贈与税の申告が必要

たとえ非課税の規定を受けて税額が0円であっても，受贈者の住所地を管轄する税務署に贈与税の申告書を提出しなければなりません。

３．適用対象となる家屋の新築・取得・増改築等の主な要件

(1) 適用対象となる家屋等

①適用対象となる家屋等とは，自己の居住の用に供する家屋で，新築または建築後経過年数が20年以内（耐火建築物の場合は25年以内）で，床面積が50㎡以上240㎡以下である一定の要件を満たす家屋をいいます。

※2021年1月1日以後の贈与については，受贈者の合計所得が1,000万円以下である場合に限り，床面積要件の下限が40㎡に引き下げられます。

②家屋の取得だけでなく，その家屋の新築等とともに先行して取得する土地等の取得についても，贈与税の非課税の対象となります。

※2022年1月1日以降の贈与の場合，既存住宅用家屋の建築後経過年数は不問とされましたが，新耐震基準に適合していることが条件とされました。

(2) 省エネ等住宅および自己の居住用家屋に係る増改築等

①省エネ等住宅とは，省エネ等基準（等級４以上），耐震等級（等級２以上），免震建築物などに該当する住宅をいいます。2015年度の税制改正では高齢者等配慮対策等級（いわゆるバリアフリーのことで等級３以上）が追加されました。

②自己の居住用家屋に係る増改築等

工事費用が100万円以上，増改築後の床面積が40㎡以上240㎡以下である一定の要件を満たす増改築等が贈与税の非課税の対象になります。2015年度の税制改正では，省エネまたはバリアフリー改修工事・給排水管等の工事も追加されています。

4．適用時期と非課税枠

この制度は取得等に係る契約の締結期間が2015年1月1日から2023年12月31日までである贈与について適用されます。

住宅取得等資金の贈与を受けた場合の非課税枠については以下の図のとおりです。

また，この控除限度額のほかに暦年贈与の場合には毎年110万円，相続時精算課税の場合には2,500万円の基礎控除があります（相続時精算課税の場合は選択した年に2,500万円の基礎控除が発生し使用した分が減ることになります）。

5．相続発生時の持ち戻し計算不要

相続発生時において，過去３年以内に行われた贈与については持ち戻しが行われ相続税の計算が行われますが，この制度においては，過去３年以内に行われた贈与であっても持ち戻し計算が不要となります。

住宅取得等資金贈与特例における非課税限度額

2022年4月1日以後の贈与については契約時期にかかわらず省エネ等住宅が1,000万円，その他の住宅が500万円

参考（非課税限度額）

契約年	消費税率10%が適用される人		左記以外の人[※1]	
	省エネ等住宅	左記以外の住宅（一般）	省エネ等住宅	左記以外の住宅（一般）
～2015年12月	—		1,500万円	1,000万円
2016年1月～2019年3月			1,200万円	700万円
2019年4月～2020年3月	3,000万円	2,500万円	1,200万円	700万円
2020年4月～2021年12月	1,500万円	1,000万円	1,000万円	500万円
2022年1月～2023年12月	1,000万円	500万円	1,000万円	500万円

（※1）消費税率8%の適用を受けて住宅を取得した人のほか，個人間売買により中古住宅を取得した人。

（※2）2019年3月以前に「左記以外の人」欄の非課税限度額の適用を受けた人は，再度「消費税率10%が適用される方」欄の非課税限度額の適用を受けることが可能。

（※3）2015年1月1日以後に贈与により取得する住宅取得等資金について適用されます。

夫婦で最大2,000万円までの受贈が非課税

ご提案のポイント

①夫婦でそれぞれ1,000万円ずつの贈与を受ければ最大2,000万円まで非課税となります。
②省エネ等住宅」と「一般住宅」では，非課税限度額に500万円の差があります。

下記のように省エネ等住宅を購入等すると非課税枠を最大限に使用することができます。

(例) 住宅用家屋につき贈与した事例
省エネ等住宅を契約した場合

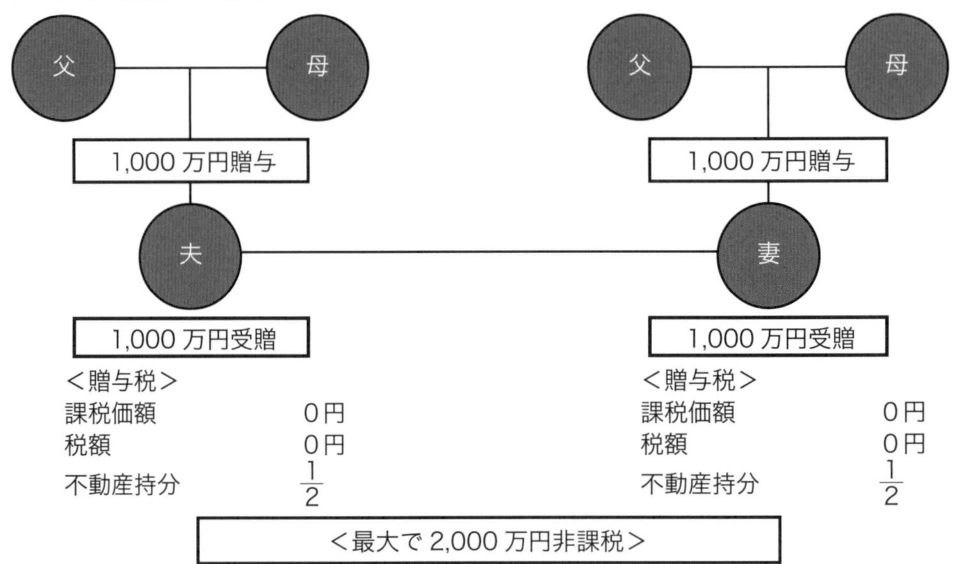

〈留意点〉

配偶者の父母または祖父母から住宅取得等資金の贈与を受けた場合は当該制度を受けることができません（養子になっている場合は除きます)。また，２人以上から住宅取得等資金の贈与を受けたとしても非課税枠は贈与を受けた者１人につきの金額が限度となっています。誰からの贈与について，いくらの適用を受けるかについては贈与を受けた者の選択になります。

（文責：辻・本郷税理士法人）

税理士業界の裏話③　相続登記について

相続税の申告には期限がありますが，相続により取得した不動産の名義書換，俗にいう相続登記には期限がありません。期限がないなら，登記料もかかるし，手間もかかるからということで，そのまま放置している方がいます。この相続登記ですが，相続税の納付がない場合には，積極的に取り組む方はあまりいません。

たとえば数十年前に祖父が亡くなり，数年前に父が亡くなったが，不動産の名義は祖父のままだったということがあった場合には，名義人は祖父の名前であっても，いつでも相続登記は可能です。

しかしながら，この相続登記，実は放置しておくと，相続税の特例を受けようとするためには以下のような手続きが必要になり，煩雑感が増します。

・相続登記のために，疎遠になっている親族等と連絡を取り合わなければならないため，相続登記の手続きがスムーズに進まない。

・配偶者に対する相続税額の軽減，小規模宅地等についての相続税の課税価格の計算の特例等の適用を受けるためには，全部分割でなければならない。そのために遺産分割協議書の作成を行わなければならないが，遺産分割協議書がまとまらない場合には，全部分割することができなくなり，特例適用で軽減される金額分の税金がかかる。

余談ですが，遺産分割協議書が相続税の期限内申告までにまとまらない場合には，一旦未分割の状態で法定相続分により申告をし，添付資料として「申告期限後３年以内の分割見込書」を税務署に提出をし，３年以内に遺産分割協議がまとまれば，特例の適用を受けることができるようになります。適用を受ける場合は，分割が行われた日の翌日から４カ月以内までに更正の請求をします。そうすれば，納付した金額の一部が返還され，本来の税額を納めたことになります。

短期的な期間で登記するのか，世代をこえて子供，孫の代で今以上の期間と費用をかけて登記するのか…，考えてみればわかりますよね。

なお，相続登記が放置されていることは国も問題視しており，2021年４月に相続登記の義務化が決定され，2024年４月１日に施行されます。

相続登記を放置しておくことはおすすめできませんので，まだ相続登記していない方は，対応が必要です。

（文責：辻・本郷税理士法人）

46 配偶者 2,000 万円贈与の活用

1．特例の概要と適用のための要件

「私もそろそろ歳だし，もしもの場合，残された家族のために何か良い相続税対策はないでしょうか」こういった要望をもった社長さんは多いことでしょう。そこで，長年連れ添った奥様に対しては，この配偶者 2,000 万円贈与の特例を検討してみましょう。この特例は，居住用の土地・借地権・建物の贈与，または居住用不動産購入のための資金の贈与に対しては夫婦間であれば，2,000 万円の配偶者控除が認められるというものです。この特例の適用を受けるための要件は次の 5 点です。

① 婚姻期間が 20 年以上である配偶者からの贈与であること。

② 贈与を受ける配偶者は，贈与を受ける年の前年以前に同じ配偶者からの贈与についてこの特例の適用を受けたことのない者に限ること。

③ 贈与により取得される財産が，居住用の国内の土地・借地権，建物（以下「居住用不動産」といいます）または居住用不動産購入のための金銭であること。

④ 居住用不動産については，贈与を受けた年の翌年 3 月 15 日までにその配偶者が居住し，かつ，その後も引続き居住する見込みの物件であること。

⑤ 居住用不動産購入のための資金については，贈与を受けた年の翌年の 3 月 15 日までに居住用不動産を購入し，その配偶者が居住し，その後も引続き居住する見込みであること。

以上の要件を満たせば，金銭，現物を問わずに贈与ができます。

2．適用にあたっての留意点

(1)やむを得ない場合を除き，金銭贈与は避けるべきです。なぜなら土地・借地権・建物の贈与税評価額は，通常，時価の約 80％でしか評価されません。したがって，同じ 2,000 万円の贈与であっても，時価換算にして，約 1.25 倍の財産の贈与をしたことになる物件贈与が金銭贈与より有利になります。

(2)物件の所有権は分筆登記にする必要はありません。分筆の手間を考えると夫婦共有名義となる持分贈与がよいでしょう。

(3)将来の居住用財産の譲渡を考えると，土地だけの贈与ではなく建物も合わせて贈与した方が有利です。なぜなら，居住用財産譲渡の際の 3,000 万円の特別控除の適用は，原則的には，家屋を対象として，土地については家屋とともに譲渡した場合にその対象とするとされているためです。つまり，土地だけの贈与であれば将来の譲渡時に夫婦そろっての 3,000 万円控除の適用はできないことになります。

2019 年 7 月 1 日以降，民法改正により「配偶者に対する持ち戻し免除の意思表示の推定の規定」が新設され，相続財産にならなくなったため，遺産分割時にも有利になりました。

贈与税の負担なしで不動産を妻に贈与

── 結婚 20 年経れば無税で財産移転 ──

ご提案のポイント

① 居住用の土地，借地権，建物の贈与，または居住用不動産購入のための資金の贈与に対しては 2,000 万円の配偶者控除が認められます。

② 将来の土地の評価アップを考えると早めの贈与が有効です。

相続財産別節税額一覧表　　（単位：万円）

相続財産	対策前の相続税額	対策後の相続税額	節税額
16,000	0	0	0
20,000	540	244	296
30,000	2,669	2,151	518
40,000	4,610	4,260	350
50,000	6,555	6,130	425
60,000	8,680	8,255	425
70,000	10,870	10,420	450
80,000	13,120	12,670	450
90,000	15,435	14,960	475
100,000	17,810	17,335	475
150,000	30,315	29,790	525
200,000	43,440	42,915	525

（注１） 相続人は，配偶者と子供２人を前提とし，全額を配偶者が相続した場合とします。
（注２） 配偶者の税額軽減を最大限活用。
（注３） 「相続財産」は債務・葬式費用控除後の課税価格とします。

民法改正により「配偶者に対する持ち戻し免除の意思表示の推定の規定」が新設されました。これにより，相続財産とならなくなったため，遺産分割時にも有利になりました。

（文責：辻・本郷税理士法人）

47 相続時精算課税による贈与

1．相続時精算課税制度

贈与税の暦年課税との選択制で，相続税と贈与税の一体化の仕組み（相続時精算課税制度）があります。これは，父母または祖父母から子へ財産が生前に贈与された場合，贈与時に2,500万円の特別控除（複数年にわたって利用可能）を超える部分について一律20％の税率で贈与税が課され，その後の相続時にその贈与財産価額と相続財産価額を合算して相続税額を計算し，そこから既に支払った贈与税を控除するという制度です。

この選択は贈与を受ける子，たとえば長男は長男で，次男は次男で各々この新制度を選択できます。

さらに贈与をする父母ごとに，たとえば長男は父からの贈与に対して選択し，弟は母からの贈与に対して選択することができます。

このように従来の暦年課税を選択するか，相続的精算課税制度を選択するかは，それぞれもらう人が決定することになります。

2．贈与時の時価で相続税を計算

そこで実際に相続が発生した場合，この制度を利用した贈与財産の相続時の課税価格はどのようになるでしょうか。この場合は贈与時の時価をもって相続税を計算します。そのため，将来値上がりが確実な資産については，この制度を選択するメリットがあるでしょう。

また，マンションなどの収益物件を贈与すれば，将来的に相続財産となる不動産収入や現在の所得税等を抑えることができるという点においてもメリットがあるといえるでしょう。

3．留意点

この制度は，贈与者は60歳以上である父母または祖父母，受贈者は18歳以上の子または孫が対象となります（2022年3月31日以前の贈与の場合は20歳以上）。また，各年齢の判定についてはその年の1月1日の現況によります。

そしてこの新制度を選択した場合（選択した場合は，最初の贈与を受けた年の翌年2月1日から3月15日までの間に所轄税務署長にその旨の届出書を提出しなければなりません）は，相続時まで継続して適用しなければなりません。ですから，あとから「やめます」というわけにはいきませんので注意が必要です。

値上がり確実な資産は生前贈与が有利

―― 将来発生する相続税を抑える ――

ご提案のポイント

① 複数年にわたって2,500万円までの非課税枠が利用できます。

② 将来値上がりが確実な資産でも贈与時の低い価額によって相続税を計算できます。

〈前提条件〉

(1) 相続時精算課税制度を採用する贈与財産の贈与時の価額……3,000万円

(2) 相続時精算課税制度を採用する贈与財産の相続時の価額……10,000万円

(3) その他の相続財産……10,000万円

(4) 配偶者あり，子の数……１人

（単位：万円）

		贈与なし	相続時精算課税制度を採用
贈与税額の計算	贈与した金額	－	3,000
	基礎（特別）控除	－	2,500
	課税贈与額	－	500
	贈与税額①	－	100
相続税額の計算	相続財産の価額	20,000	13,000
	基礎控除額	4,200	4,200
	相続税の総額	3,340	1,360
	配偶者軽減額	▲1,670	▲680
	贈与税額控除額	0	▲100
	相続税額②	1,670	580
負担税額①＋②		1,670	680

（文責：辻・本郷税理士法人）

48 生命保険の活用による相続対策

1．非課税枠を有効活用

生命保険の一般的な加入方法で，夫が保険契約者となり，妻が受取人となります。夫に万が一のことがあったときには妻に生命保険金がおりて，その保険金は課税対象になりますが，一定の非課税枠があります。それは「500万円×法定相続人の数」です。つまり，妻が保険金を2,000万円受け取ったとした場合，法定相続人が3人であれば非課税額が1,500万円ありますので，課税対象額は500万円になります。

2．預金よりも有利

相続財産が預金2,000万円の場合と生命保険金2,000万円の場合とを比較します。仮に法定相続人は3人（配偶者と子供2人）とし，他の財産は1億6,000万円で配偶者税額軽減を最大限利用して遺産分割したものとします。預金2,000万円の場合の相続税は約244万円となるのに対して，生命保険2,000万円の場合には約55万円しか相続税はかかりません。同じ2,000万円を預金で相続するよりも生命保険で相続した方が相続税の節税ができ，非課税額は納税資金に利用できます。

3．保険金の非課税枠を2倍活用

死亡保険金については，相続人1人500万円までは相続税の対象になりません。相続人が配偶者と子供2人であれば1,500万円（500万円×3）までは相続税はかかりません。このケースで5,000万円の死亡保険金がおりた場合，1,500万円を控除した3,500万円が相続税の対象となります。

さらに保険金そのものではありませんが，ご存知のように死亡退職金についても相続人1人あたり500万円までは相続税が非課税です。たとえば，会社で役員保険をかけていて，死亡保険金が会社に入った場合，会社から遺族に対し弔慰金および死亡退職金が支払われるようなケースです。同じく相続人3人の場合，死亡退職金1,500万円までは相続税の対象ではありません（弔慰金については,別に扱われます)。

つまり，死亡保険金と死亡退職金をあわせると，相続人1人あたり1,000万円までは相続税がかからないということです。

今現在，個人ではすでに保険に加入しており保険金の非課税枠を使い切っているとします。このような場合たとえば個人の資産管理会社を使って，会社として会社を受取人とした保険加入をしたとしましょう。この場合，死亡保険金が会社に払われ，それを原資に死亡退職金を支給することができます。

最近は，保険商品も多様化して，従来であれば加入できなかった高齢者の方でも健康であれば加入できるものがあります。少なくとも，保険金の非課税枠および退職金の非課税枠は満額使い切るような対策は有効です。もう一度，加入されている保険を見直してみてください。

保険金の非課税枠の活用

―― 預金より保険金で残す ――

ご提案のポイント

① 保険金は，相続人１人 500 万円まで非課税です。
② 預金 500 万円より保険金 500 万円のほうが，相続税の軽減になります。
③ 高齢者でも加入できる保険もあります。

現在保険に未加入の場合，最低でも非課税枠までは保険に加入することをお勧めします。単純に預金で残した場合は，相続税がかかりますが，保険金で受け取った場合，相続税は一定額までかかりません。

〈前提条件〉

① 相続人　３人　　② 相続税の負担率　40％
③ 加入する保険……終身保険，払込期間　10 年
被保険者　70 歳（男），保険金　1,500 万円
④ 保険料　月払

（単位：万円）

年齢（歳）／項目	1年目 70	5年目 75	10年目 80	15年目 85	20年目 90
保険料累計	158.1	790.5	1,581	1,581	1,581
保険金	1,500	1,500	1,500	1,500	1,500
解約返戻金	69	420	936	1,384	1,421

保険料は年間 158 万円余りです。たとえば，15 年後に相続が発生したとすると，保険金 1,500 万円がおりますが，それに対して相続税の負担はありません。逆に，保険加入しないで，保険料相当額を預金で残したとしましょう。その場合は，保険累計分となっていた預金 1,581 万円に対して 632.4 万円（1,581 万円× 40％（仮））の相続税がかかるため手取りは 948.6 万円です。約 551.4 万円（1,500 万円－ 948.6 万円）手取りが多くなります。

また，末期がんで余命告知されている場合などでも加入可能な保険で，払い込んだ保険料とほぼ同額が保険金として返金される保険も存在します。

このような保険は余命が明らかになった時点で生保の非課税枠を十分に活用していない場合や争族を防止する遺留分の調整などに非常に有効な手段となります。

（文責：辻・本郷税理士法人）

49 相続税の納税と物納の選択

1．物納要件

相続税を延納によっても金銭で納付することが困難な場合のみ，物納が認められます。その者の近い将来における金銭収入も考慮して判断されます。具体的には，貸付金の返還や退職金給付等の収入確実なものに限定されています。また金銭納付が困難かどうかは，相続財産としての現金・預金だけではなく，相続人固有の財産である現金・預金も考慮して判断することになります。

相続税の申告期限までに，納税義務者は物納申請書を提出しなければなりません。

2．物納できる財産とできない財産

(1) 物納できる財産（物納適格財産）

下記（2），（3）に該当しなければ，基本的には物納ができます。非上場株式や居住用・事業用の土地の底地部分の物納も認められます。この居住用・事業用の土地の底地については，自宅または事業用地に自己借地権を設定し，底地を物納後，国に対して一定の地代を支払うことになります。

(2) 物納できない財産（物納不適格財産）

質権その他の担保権の目的となっている財産，係争中の財産，共有財産，境界不明確な土地，借地権などの管理や処分をするのに不適当な財産は，原則的には物納することはできません。

(3) 他に物納適格財産がない場合に限り物納できる財産（物納劣後財産）

物納適格財産がない場合に限り認められる財産として次のようなものがあります。なお，（1）に優先して物納することはできません。

・市街化区域以外の土地
・接道条件を充足していない土地　等

3．物納上の注意点

(1) 収納価額

物納財産の収納価額は，原則として相続税評価額となります。したがって，小規模宅地の評価減の適用を受ける場合には，評価減後の価額になりますので，事前に物納対象地を十分に検討する必要があります。

(2) 境界確認

物納する土地については，地積測量図をつくるために，隣地の人から物納申請期限までに境界確認の印をもらう必要があります。したがって，物納を考えている人は，普段からの隣地の人との良い信頼関係も必要です。

(3) その他

物納対象地は，道路幅が原則として4ｍ以上の公道に接していなくてはなりません。

また，一度延納してからの物納への変更は限定されていますので，注意が必要です。

さらに，路線価が時価を上回る場合には絶対的に物納が有利です。

路線価が時価を上回ると物納が有利

── 時価の判断は相続税評価額の２割増 ──

ご提案のポイント

① 物納には時間がかかりますので，物納する財産を検討して，早めに行動してください。

② 売却か物納かの１つの目安は，その土地が相続税評価額のおよそ２割増以上で売れるかどうかです。

物納の損益分岐点

〈前提条件〉

・相続財産（土地 2.5 億円，その他 7.5 億円） 10 億円
・相続税額 4.6 億円
・物納財産の土地評価額 2 億円
（譲渡年１月１日現在の所有期間が５年を超えるものとする）
・申告期限後３年以内に土地を売却
・法定相続人 子供１人
・売却の場合の売却経費とみてくれる相続税

$$4.6\text{億円}\times\frac{2\text{億円}}{10\text{億円}}=0.92\text{億円}$$

・取得費 売却価額の５％
・売却経費 売却価額の３％

ケースＡ　相続税評価額２億円で売却
ケースＢ　相続税評価額２億円の１割増で売却
ケースＣ　相続税評価額２億円の２割増で売却

売却損益分岐点

項　目	ケースＡ	ケースＢ	ケースＣ
①売却価額	２億円	２億 2,000 万円	２億 4,000 万円
②取得費（①×５%）	1,000 万円	1,100 万円	1,200 万円
③売却経費（①×３%）	600 万円	660 万円	720 万円
④売却経費とみてくれる相続税	9,200 万円	9,200 万円	9,200 万円
⑤譲渡所得 ①－（②＋③＋④）	9,200 万円	１億 1,040 万円	１億 2,880 万円
⑥所得税・住民税	1,869 万円	2,243 万円	2,617 万円
⑦手取額（①－③－⑥）	１億 7,531 万円	１億 9,097 万円	２億 663 万円
⑧物納２億円との比較	損	損	得

※所得税には，復興特別所得税を含みます。

（文責：辻・本郷税理士法人）

50 借地権の会社への移転方法

過去３年間の更地評価の平均の６％相当額の地代（相当の地代）を支払うと，土地の価額が上昇すれば何の課税関係も発生させずに，土地の半分以上を後継者の方に移転できます。

１．相当の地代のしくみ

個人の土地の上に後継者が株主となっている法人の建物を建設します。法人は個人に過去３年間の相続税評価額の更地評価の平均の６％の地代を支払います。相続税評価額がアップすれば，地代も毎年改定することができますが，当初設定した地代を改定せずに据置きます。そうしますと，評価は上昇していくのに地代は一定ですので，土地所有者の利用価値は，地代を設定した当初の価値のままであるといえます。逆にいえば，評価が上昇した分だけの地代をもらえないということは，借地人である法人に，その利用価値が移転していくことになります。こうして，当初設定した地代を据置くことにより，評価が上がった部分は自然発生借地権として法人に移転していくことになります（次頁参照）。

２．相当の地代の効果

地代を据置くことにより，土地上昇部分は法人に借地権として移転しますので，個人の当初の評価額は，そのまま上昇しないことになります。つまり評価アップを抑える効果があるわけです。

仮に評価額4,000万円の個人の土地に，法人の建物を建て，年間の地代を240万円とし，それを据置いたとします。10年後にその土地の評価額が１億円になったとしても，個人の評価額は当初の4,000万円（底地権）そのままであり，評価アップした6,000万円部分は法人（借地権）のものとなりました。この法人は後継者の会社ですので，結果的には，後継者が株式を通して，この借地権を取得したと同じことだといえます。

３．相当の地代の実行上の注意点

(1) 法人の資金繰り

法人が個人に支払う６％の地代は，一般的な地代の約２倍から３倍程度となっています。ですから，支払う法人の収入が地代を上回るものでなければなりません。また借入金で建物を建てた場合には，資金繰りのうえでは少なくとも，地代と借入元利金を上回る収入が必要となります。

(2) 個人の所得税対策

一般の地代よりもかなり高い地代が個人に入ってきます。所得税は超過累進税率ですので，所得4,000万円を超えますと最高税率55.945％（所得税＋住民税）が適用されてしまいます。

したがって，たとえば損益通算を利用して，個人の所得を下げるしくみを絡ませて実行されることをお勧めします。

※所得税には復興特別所得税を含みます。

無税で不動産を後継者に譲る

―― 相当の地代のしくみ活用により相続財産が減少 ――

ご提案のポイント

後継者の会社を作り，その会社が父親の土地に建物を建設し，事業を始めます。地代として評価額の過去３年間平均の６％を父親に支払います。将来的には，法人に借地権が発生し，父親の土地の評価は一定のままです。ただ，法人の資金繰りに注意してください。

〈設例〉

・法人＝後継者が 100％出資します。

・法人が個人に相当の地代（年額 240 万円）を支払い，かつ，それを据置きます。

・借地権割合６割地域

図１　路線価アップ

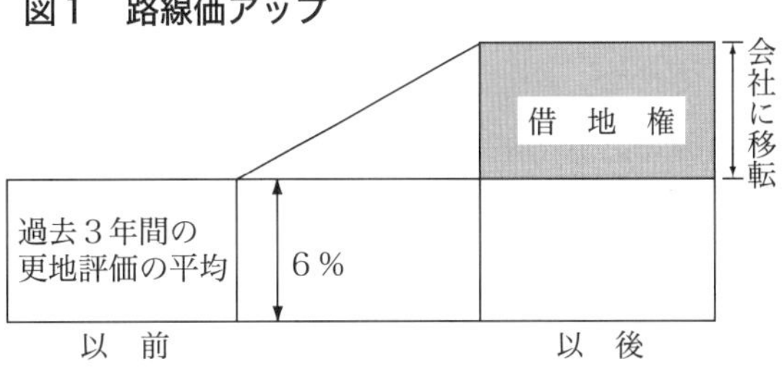

図２

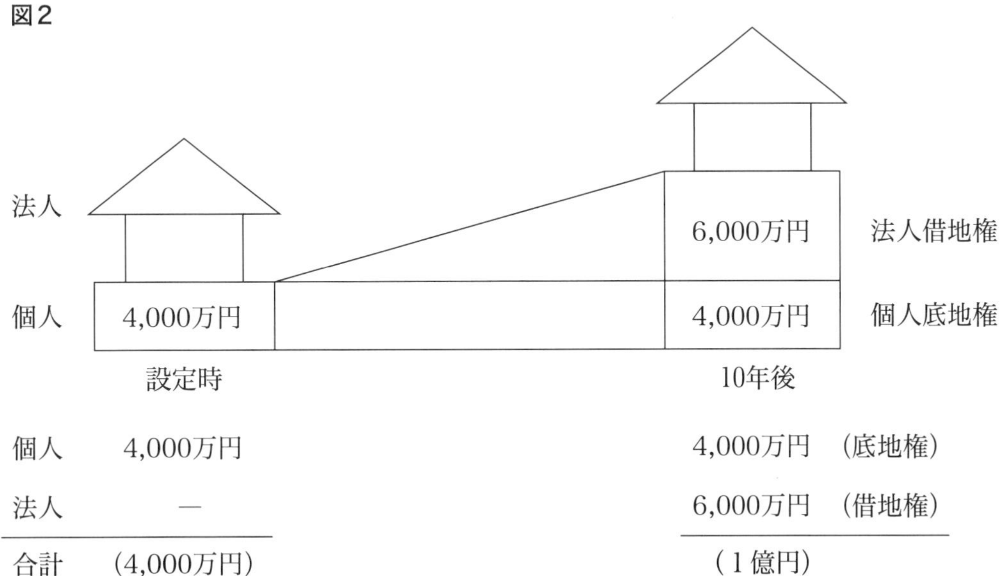

	設定時	10年後
個人	4,000万円	4,000万円　（底地権）
法人	―	6,000万円　（借地権）
合計	（4,000万円）	（１億円）

（注）路線価の上昇率によって法人の借地権が完全に移転する年数は異なります。

（文責：辻・本郷税理士法人）

51 養子縁組による相続税対策

1．相続税と養子縁組

相続税は超過累進税率で，法定相続人が法定相続分どおりに遺産を分割したものとみなして税金を計算します。したがって，法定相続人が多ければ多いほど各相続人の相続分が少なくなり，税率も低くなって税金が少なくて済みます。つまり，相続財産10億円を１人で相続するのと10人で相続するのとでは相続税額が大きく変わります。そこで，相続人を増やす手段が，法律上の親子となる養子縁組なのです。

2．養子縁組による節税効果

相続税の税構造をみてみましょう。右図1は相続人２人の場合と３人の場合の相続税の図解です。２人のときと比べて３人の場合には，まず基礎控除が増えて課税財産が減少し，次に累進税率の適用が２人から３人へ増えることにより，総体の相続税が減少していることがわかります。

ただし，養子縁組による節税が行き過ぎないように，養子縁組の人数のうち，税金計算上は実子がいる場合は１人，実子のいない場合は２人までとされています。

3．財産分割の問題

養子縁組をする合理的理由があり，養子の心の問題もクリアできた。さて次に考えなければいけないのは財産分割の問題です。

図２のケースで説明しましょう。甲に相続が発生した場合の法定相続人は，本来であれば，乙，A，Bですが，ここに養子Cが加わります。そうしますとBの法定相続分が当初の４分の１から６分の１に減少し，AとCを合わせた法定相続分は当初の$\frac{1}{4}$から$\frac{1}{3}$（$\frac{1}{6}+\frac{1}{6}$）に増加します。このように税金も減る代わりに他の兄弟の法定相続分にも影響を与えますので，相続人や親族間での合意を得てから実行するようにしましょう。

図1

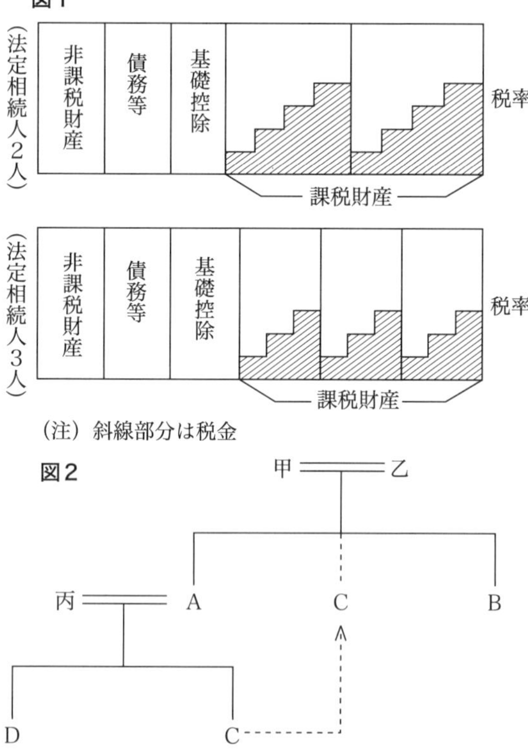

※なお，上記のケースの場合には孫養子として２割加算の対象となります。

5億円の財産で196万円の差

── 2割加算には要注意 ──

ご提案のポイント

養子縁組は確かに相続税負担を減らす効果があります。しかしながら，養子縁組による相続税軽減の効果は，実子がいる場合は1人，実子のいない場合は2人を法定相続人に加えて相続税額を計算することによるものです。ただし養子縁組をする必然性，養子の心の問題，法定相続人の持分の問題等を慎重に検討してください。なお，孫を養子にした場合，相続税の2割加算があるため，ケースによっては税負担の軽減にならないことがあります。

〈前提条件〉法定相続分どおり相続した場合

表1

(単位：万円)

養子	―	＋1人		2割加算ありとの差 ①-③
法定相続人／遺産総額（基礎控除前）	①配偶者子供2人	配偶者子供3人		
		②養子の2割加算なし	③養子の2割加算あり	
30,000	2,860	2,540	2,709	151
50,000	6,555	5,962	6,359	196
100,000	17,810	16,634	17,743	67
150,000	30,315	28,500	30,400	△85
200,000	43,440	41,182	43,927	△487

表2

法定相続人	妻乙	子A	子B	養子C
当初法定相続分	$\frac{1}{2}$	$\frac{1}{2}\times\frac{1}{2}=\frac{1}{4}$	$\frac{1}{2}\times\frac{1}{2}=\frac{1}{4}$	―
養子縁組後法定相続分	$\frac{1}{2}$	$\frac{1}{2}\times\frac{1}{3}=\frac{1}{6}$	$\frac{1}{2}\times\frac{1}{3}=\frac{1}{6}$	$\frac{1}{2}\times\frac{1}{3}=\frac{1}{6}$

たとえば，5億円の財産を所有しているケースをみてみましょう。子供2人と3人の場合を比較すると196万円の違いです。196万円が大きい金額には違いありませんが，全体の財産からみるとわずかな金額とも言えます。養子縁組は，資産の売買等とは異なり，多分に関係当事者の心情への配慮が必要です。一族の財産承継の意味を総合的に検討し，親族間で納得のいく養子縁組を考えられてはいかがでしょうか。

(文責：辻・本郷税理士法人)

52 大株主の配当の手取りを増やす

1．課税制度の概要

一定の大口株主(注)以外の者が支払いを受ける上場株式等の配当等について，申告不要制度上限額が撤廃され，源泉所得税のみで課税が完了し，申告は不要とすることができます。

所有割合を変更することにより個人の大口株主が受ける上場株式等の配当金の手取りを増やすことが可能です。

(注)個人の大口株主とは，発行済株式の総数または出資金額の3%以上に相当する数または金額の株式または出資を有する個人をいいます。

2．個人の大口株主が受ける上場株式等の配当金

個人の大口株主が受ける上場株式等の配当金については，総合課税になりますので，最高税率では55.945%（所得税＋復興特別所得税＋住民税）となります。

3．個人の大口株主以外の者が受ける上場株式等の配当金

個人の大口株主以外の者が受ける上場株式等の配当金については，所得税及び復興特別所得税15.315%＋住民税５%が源泉徴収されます。この配当金については，源泉徴収された後，申告するかしないかは，選択することができます。

これを,「確定申告不要制度」といいます。

4．個人の大口株主の所有割合の変更

発行済み株式の3%以上を有する個人の大口株主が所有割合を変更することにより，配当金の手取りを増やすことが可能になるのです。

つまり，最高税率で55.945%もの税負担をしていた現状から，所有割合を3%未満にすることで，20.315%の源泉徴収で済むことになるのです。

所有割合の変更について検討する価値はおおいにあると思います。

※所得税には，復興特別所得税が含まれます。

5．2022年度税制改正の影響

2022年度税制改正により，上記３%以上大口株主の判定基準に変更がありました。

今までは，株主個人が所有する株式の保有割合が３%以上でしたが，個人保有分＋同族会社保有分の株式保有割合が３%以上となります。

例えば，甲と乙は同族株主で，同族会社A株式を90%（50%超）所有しています。

甲は上場会社Bの株式を1.5%個人で保有していました。

乙は上場株式Bの株式を１%個人で保有していました。

同族会社Aも上場会社Bの株式を２%保有していました。

今までは甲及び乙の保有割合は上場会社Bの個人保有分それぞれ1.5%と１%なので３%未満となり，確定申告不要制度を利用して，20.315%の源泉徴収額で済みました。

税制改正後は，

甲　個人保有分1.5%＋同族会社A保有分２%＝3.5%

乙　個人保有分１%＋同族会社保有分２%＝３%

となり，いずれも３%以上になるため，上記２の通り，総合課税として確定申告する必要があります。

この税制改正は，2023年10月1日以後に支払いを受けるべき上場株式等の配当等について適用されますので注意が必要です。

所有割合の変更で手取額増大

―― 大口株主は検討を ――

ご提案のポイント

上場株式等の大口株主は所有割合を３％以上から３％未満に変更することにより，総合課税から源泉徴収による申告不要で，配当金の手取りの増加を図れます。

〈前提条件〉

配当所得（上場株式等の配当金）　1億6,000万円
所得控除　100万円

上記前提のもと，配当金額は同額で所有割合を３％以上の大口株主に該当する場合と，３％未満の株主に該当する場合とで比較することにします（1万円未満切捨）。

（単位：万円）

	３％以上の場合	３％未満の場合
配当所得	16,000	16,000
所得合計	16,000	16,000
所得控除	100	100
課税所得	15,900	15,900
税金（所得税＋住民税）	8,405	3,250
配当に係る税金	8,405	3,250
配当金の手取り	7,595	12,750

※所得税には，復興特別所得税を含みます。
※便宜上，配当控除は加味しません。

以上のように３％以上所有の場合と比べると手取額が12,750万円まで増加します。

（文責：辻・本郷税理士法人）

53 配偶者居住権の活用

1．配偶者居住権の概要

配偶者が相続開始時に居住していた被相続人所有の建物を対象として，一定期間または終身，配偶者に建物の使用を認めることを内容とする法定の権利として，配偶者居住権，配偶者短期居住権が新設されました。

なお，配偶者居住権は，相続税法上の課税対象とされ，評価方法が定められました。

2．配偶者居住権および配偶者短期居住権

(1) 配偶者居住権（民 1028 条）

① 内容

配偶者は，被相続人の財産に属した建物（被相続人が配偶者以外と共有していないものに限る）に相続開始の時に居住していた場合，次のいずれかに該当するときは，その居住していた建物（以下「居住建物」という）の全部について無償で使用等をする権利（配偶者居住権）を有します。

（イ） 遺産の分割によって配偶者居住権を取得するものとされたとき

（ロ） 配偶者居住権が遺贈の目的とされたとき

② 配偶者居住権の存続期間

配偶者の終身の間としますが，遺産分割協議に別段の定めがあるときなどは，その定めによります。

③ 配偶者居住権の登記等

居住建物の所有者は，配偶者に対し，配偶者居住権の設定の登記を備えさせる義務を負います。

(2) 配偶者短期居住権（民 1037 条）

配偶者は，被相続人の財産に属した建物に相続開始の時に無償で居住していた場合には，次の区分に応じて，それぞれに定める日までの間，その居住していた建物（以下「居住建物」という）の所有権を相続または遺贈により取得した者（以下「居住建物取得者」という）に対し，居住建物について無償で使用する権利（配偶者短期居住権）を有します。

① 居住建物について配偶者を含む共同相続人間で遺産の分割をすべき場合

遺産の分割により居住建物の帰属が確定した日または相続開始の時から６カ月を経過するいずれか遅い日

② ①に掲げる場合以外の場合

居住建物取得者による配偶者短期居住権の消滅の申入れの日から６カ月を経過する日

3．評価方法（相続税法 23 条の２）

① 配偶者居住権の目的となっている建物

建物の相続税評価額×（残存耐用年数－存続年数）÷残存耐用年数×存続年数に応じた法定利率による複利現価率

② 配偶者居住権

建物の相続税評価額－①

③　配偶者居住権の目的となっている建物の敷地の用に供される土地

土地の相続税評価額×存続年数に応じた法定利率による複利現価率

④　配偶者居住権の目的となっている建物の敷地の用に供される土地を当該配偶者居住権に基づき使用する権利

土地の相続税評価額－③

(注１)「残存耐用年数」とは，居住建物にかかる法定耐用年数に 1.5 を乗じて計算した年数から居住建物の建築後経過年数を控除した年数とします。

(注２)「存続年数」とは，次の区分に応じそれぞれ次に定める年数とします。

(1)　配偶者居住権の存続期間が配偶者の終身の間とされている場合

…配偶者居住権が設定された時における当該配偶者の平均余命

(2)　(1)に掲げる場合以外の場合

…遺産分割協議等により定められた配偶者居住権の存続期間の年数（当該年数が配偶者の平均余命を超える場合には，当該平均余命）

(注３)残存耐用年数または残存耐用年数から存続年数を控除した年数がゼロ以下である場合には，ゼロ。

４．小規模宅地等の適用

配偶者居住権の目的となっている建物の敷地の用に供される宅地等または当該宅地等を配偶者居住権に基づき使用する権利は，小規模宅地等の適用対象となります。

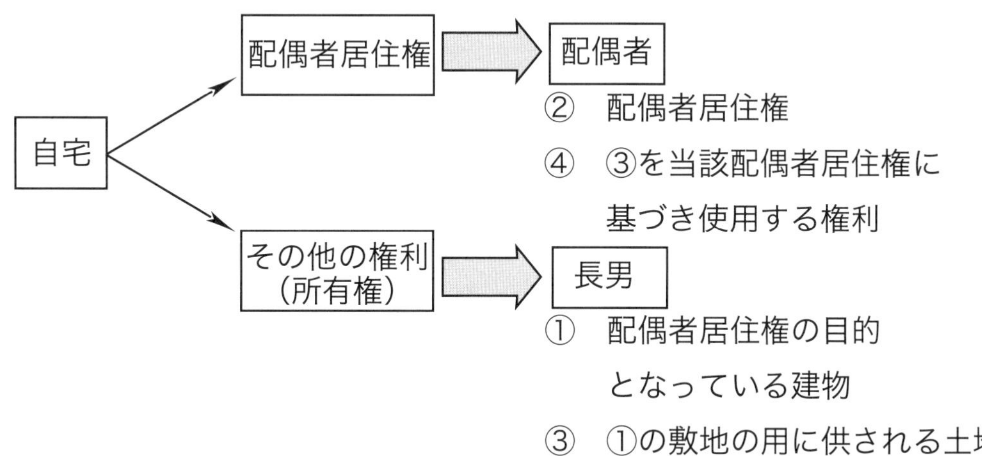

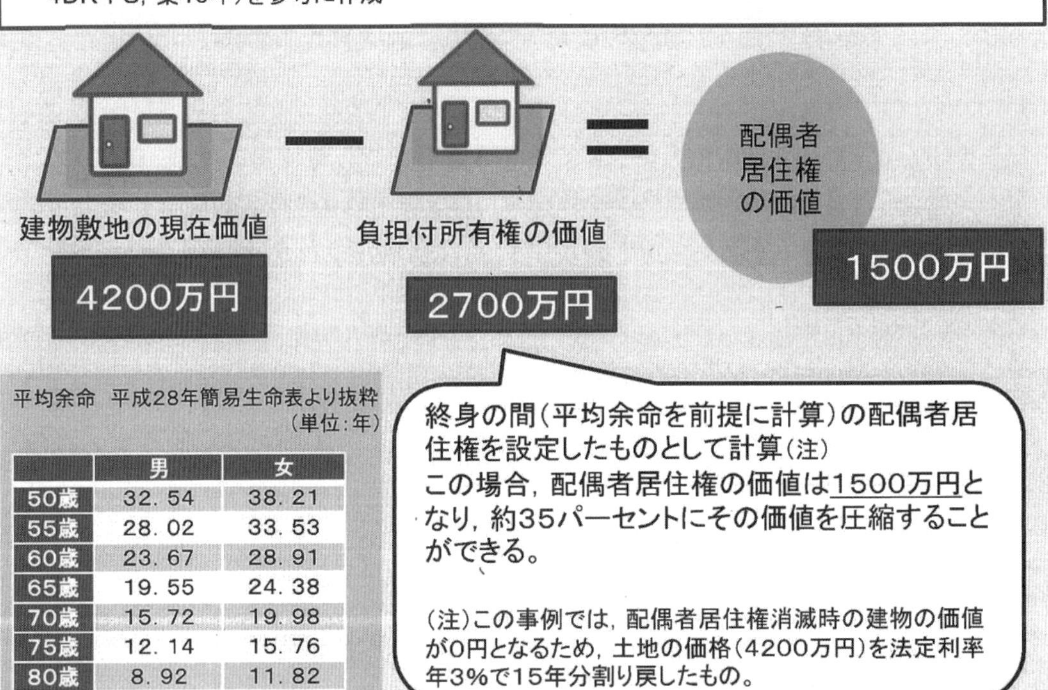

評価の具体例
（事例）
同年齢の夫婦が35歳で自宅（木造）を新築。
妻が75歳の時に夫が死亡。
その時点での土地建物の価値4200万円（注）。
（注）東京近郊（私鉄で中心部まで約15分，駅徒歩数分）の実例（敷地面積90平米，木造2階建て，4DK＋S，築40年）を参考に作成
建物敷地の現在価値
4200万円
負担付所有権の価値
2700万円
配偶者居住権の価値
1500万円
終身の間（平均余命を前提に計算）の配偶者居住権を設定したものとして計算（注）
この場合，配偶者居住権の価値は1500万円となり，約35パーセントにその価値を圧縮することができる。
（注）この事例では，配偶者居住権消滅時の建物の価値が0円となるため，土地の価格（4200万円）を法定利率年3%で15年分割り戻したもの。

平均余命　平成28年簡易生命表より抜粋
（単位：年）

	男	女
50歳	32. 54	38. 21
55歳	28. 02	33. 53
60歳	23. 67	28. 91
65歳	19. 55	24. 38
70歳	15. 72	19. 98
75歳	12. 14	15. 76
80歳	8. 92	11. 82
85歳	6. 27	8. 39

〔出典：法務省 HP〕

配偶者居住権を活用し，遺産分割を円滑に

ご提案のポイント

今までは，相続分に応じた遺産分割協議により，配偶者が居住用建物を取得し，残りの財産（現預金）を他の相続人が取得した結果，配偶者が今後の生活費である現預金を受け取ることができない問題が発生していました。

今回，新設された配偶者居住権を活用することにより，当該問題を解決し，遺産分割を円滑に実施することが可能となりました。

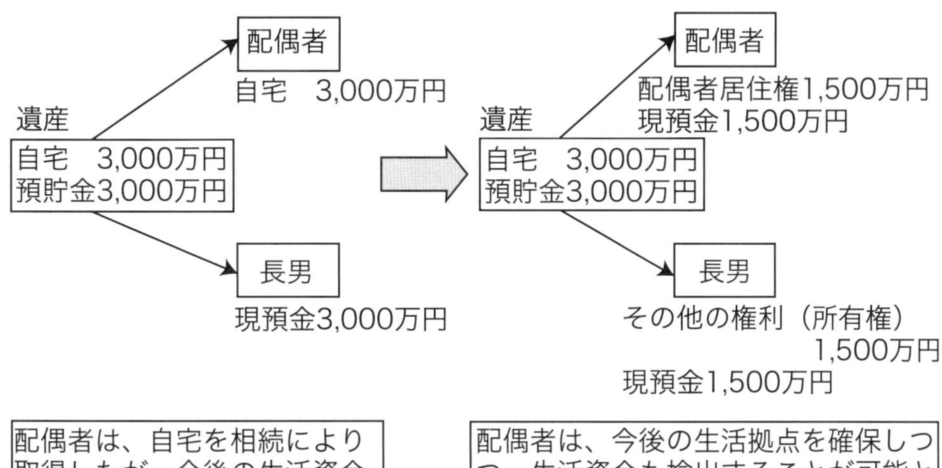

〈留意点〉

配偶者居住権が，被相続人から配偶者居住権を取得した配偶者と当該配偶者居住権の目的となっている建物の所有者との間の合意等により消滅した場合において，当該建物の所有者または当該建物の敷地の用に供される土地の所有者（以下「建物等所有者」という）が，対価を支払わなかったときまたは著しく低い価額の対価を支払ったときは，当該建物等所有者が，その消滅直前に，当該配偶者居住権の価額に相当する利益その他一定の金額を，当該配偶者から贈与によって取得したものとして取り扱います。

（文責：辻・本郷税理士法人）

54 総合課税の対象となる社債利子等の範囲の拡大

(1) 社債利子とは

2021年度に改正されたのは利子所得である社債利子です。その用語から混同されがちですが，例えば親族等への貸付けから受け取る利息は利子所得ではなく「雑所得」ですが，親族が経営する同族会社へ，その会社の発行する社債（少人数私募債）を購入する形でお金を入れた場合，受け取る利息は「利子所得」です。

(2) 利子所得が，なぜ分離課税とされているのか

本来であれば利子所得は総合課税の対象です（所得税法22条)。しかしながら，租税特別措置法第3条において分離課税とされています。

これは，利子所得について，分離課税方式が採用されたのは，銀行が預金者と比べてその規模が格段に大きく，またその数も少ないことから，預金者へ個別に課税するよりも，銀行から源泉徴収をする方が効率的かつ効果的な課税を実現できるという配慮に基づくものと考えられています。

(3) なぜ会社の利子は総合課税とされたのか

例として，ある同族会社の役員がいて，会社から役員報酬という形でお金をもらうと，給与所得が年間900万円を超えるので30%超の税率になるとします。

では，この役員が会社に社債という形でお金を入れて，その利子という形でお金をもらった場合はどうなるでしょうか。社債の利子は源泉分離課税なので一律20.315%の税率になります。

このような抜け穴をふさぐため，2013年改正によって，同族会社の役員等については，その同族会社から受け取る社債の利子について総合課税の対象とされました。

(4) 2021年度の社債利子の範囲の拡大とは

2013年度の改正では，その同族会社に直接ではなく，その子会社や孫会社から支払いを受ける社債利子等については総合課税の対象とされていませんでした。今回の改正では，このような同族会社との間に法人を介在させた場合の社債利子についても，総合課税の対象とされることとされました。即ち，同族会社の判定の基礎となる直接の株主が法人であっても，社債発行会社と特殊な関係にある個人等またはその親族等が当該法人の発行済み株式等の50%超を保有している場合，法人を通して個人・親族が受け取る社債利子も総合課税の対象となります。

(5) 適用時期

2021年4月1日以後に支払いを受けるべき社債の利子および償還金について適用されます。

総合課税の対象となる社債利子等の範囲の拡大に留意が必要

ご提案のポイント

・同族会社グループ内で発行している社債の見直し
・オーナー保有の社債を含む金融資産のポートフォリオの見直しを行う

同族会社の発行する社債の多くは「少人数私募債」と呼ばれるものです。

(1) 少人数私募債とは？

少人数私募債とは，会社が事業資金を調達する手段として発行する「社債」のひとつで，少人数の取引先や同族関係者などから直接資金を募るものです。

(2) 少人数私募債の特徴

少人数私募債では，公募債を発行する際に求められる有価証券届出書や報告書を提出する義務や，社債の管理を銀行や信託銀行などに委託する義務等が免除され，取締役会の承認のみで発行できるなど，発行手続きが簡易なのが特徴です。

(3) 少人数私募債の税務上のメリット

少人数私募債は社債ですので，社債利息は税務上損金に算入されます。株式での資金調達の場合，税引後の利益からされる配当金については損金算入されません。

今回の改正は社債利子を受け取る側の個人の所得税における改正ですので，法人税法上，社債利息が損金に算入されることに変わりはありません。社債を発行する会社側から見れば子会社ではなく親会社が直接，社債発行の法人税制上のメリットを享受しても良いですし，社債利子の支払いが重い場合には個人の課税上のメリットがなくなったのを機会に償還すること検討した方が良いかもしれません。

(4) オーナーのポートフォリオの見直し

一方，会社が少人数私募債を発行している中小企業等のオーナーにとっては，社債利息が海外の銀行の預金利息や給与所得と同じ総合課税となったことで，投資先としての社債の魅力はかなり薄れました。税率が同じであるならば，より利率の高い金融商品へ投資先を変更することを検討してみることをお勧めします。

(5) ピンチはチャンス？

なお，コロナ禍で事業所得や不動産所得などが減収し，個人の課税所得が全体で330万円以下となっている方にとっては，20％の分離課税より低い累進課税の税率10％以下で社債を償還するチャンスという見方もできるかもしれません。

（文責：辻・本郷税理士法人）

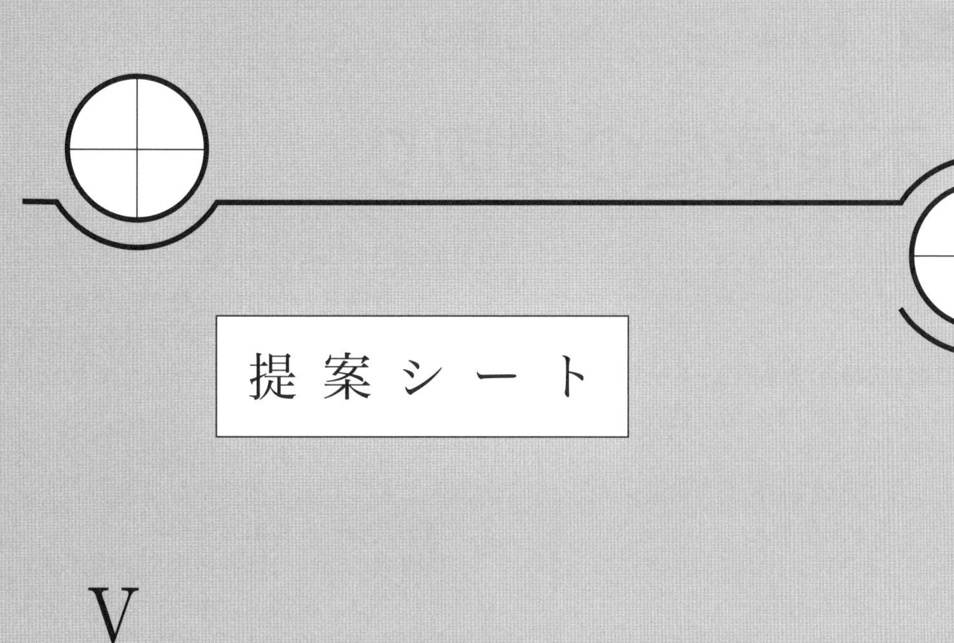

V
法人編

55　不良債権の損切り

不良債権が発生している場合，貸倒損失として，損金にすることができます。

1．貸倒損失

(1) 債権切り捨ての場合（法基通9－6－1）

次に該当するときは，その切り捨てられる債権額は貸倒損失となります。

① 会社更生法による更生計画認可決定
② 会社法による特別清算
③ 民事再生法による再生計画認可決定
④ 私的整理による協議決定
⑤ 債務超過継続と書面による債務免除

なお，貸倒損失を損金の額に導入することができるのは，貸倒れの事実が生じた事業年度のみなので注意が必要です。また，貸倒損失の計上について損金経理を要件とはしていません。

(2) 回収不能の場合（法基通9－6－2）

債務者の資産状況，支払能力等からみてその資金等の全額が回収できないことが明らかになったときには，その明らかになった事業年度において貸倒損失とすることができます（債権会社の全額が回収できないことが明らかになった事業年度において，損金経理をすることが要件とされています）。ただし，債権額の部分的な貸倒処理はできないので，担保物があるときには担保物を処理した後でなければ貸倒損失は計上できません。なお，保証債務は現実に履行した後でなければ貸倒れの対象とすることはできません。

(3) 取引停止後一定期間経過等の場合（法基通9－6－3）

売掛債権（継続的な取引を行っていた債権者に対して有する売掛債権が対象となります）について，債務者の資産状況や支払能力等が悪化したときは，その債務者が事業を継続している場合であっても，

① その債務者と取引停止後1年経過
② 同一地域の債務者に対する債権総額が，取立費用に満たない場合で支払を督促しても弁済がない

に該当するときは備忘価額1円を残して貸倒損失として計上することができます。

2．個別評価による引当金繰入

不良債権については各債権を個別評価することにより，税務上，引当金の繰入による損金算入が認められています。

具体的には，次の要件に該当することとなった場合，回収不能額を貸倒引当金として個別に引当てることができます。

① 債務超過の状態が1年以上継続し，事業好転の見通しがない，債務者が天災事故等で多大な損失を被った，などにより債権の一部につき回収見込みがないとき
② 債務者につき，次の掲げる事由が生じている場合，その金額（担保等により回収が見込まれる部分を除く）の100分の50相当の額
　(イ) 会社更生法による手続開始の申立て
　(ロ) 民事再生手続開始申立て
　(ハ) 破産の申立て
　(ニ) 特別清算の申立て
　(ホ) 手形交換所の取引停止処分
③ 外国の政府等に対する個別評価金銭債権のうち，長期にわたる履行遅滞により，経済的価値が著しく減少し弁済を受けることが著しく困難である場合，その債権額の100分の50

なお，貸倒引当金制度について適用法人が中小法人等などに限定されています。

貸倒処理で財務改善

── 不良債権の３割を税金で回収 ──

ご提案のポイント

回収見込みのない不良債権を貸倒処理することにより，損金に算入することで，法人税等の節税が図られ，財務体質の改善を行うことができます。

〈前提条件〉

(1) 法人の課税所得　3,000万円（貸倒処理前）

(2) 不良債権額

① 売掛金　1,000万円（全額回収不能）

② 貸付金　800万円（50％相当額は回収不能）

(3) 貸倒引当金制度の対象法人とする

売掛金は，回収不能により全額貸倒損失として処理し，貸付金は，その債権額の50％を貸倒引当金として処理します。

このように，貸倒処理の可能な債権を貸倒損失処理等により，損金の額に算入することによって，420万円の節税を見込むことができます。

したがって，不良債権が発生している場合，回収見込みがなく，法人税法上の貸倒損失に該当するときには，早期に貸倒損失として損金に算入し，法人税の節税を図るとともに，余剰資金を生み出し，財務体質を改善していくことを考えられてみてはいかがでしょうか。

なお，安易な貸倒処理は税務上問題となりますので，ご注意ください。

（単位：万円）

	貸倒処理をしない場合	貸倒処理をする場合	差
課税所得	3,000	3,000	
貸倒損失	―	1,400	
差引課税所得	3,000	1,600	▲1,400
法人税等（30％）※	900	480	▲ 420 ＝節税額

※概算の実効税率

（文責：辻・本郷税理士法人）

56　増益決算時の税金対策

1．所得を減らす

思った以上に利益が上がった場合や，古くから持っていた土地を売却したため多くの譲渡益が出た場合等は，税金も多額になってしまいます。

そこで所得を減らす方法として，含み損のある資産がないかどうか，もしあった場合には売却等ができないかどうか検討してみて下さい。

まずはじめに，棚卸資産，有価証券など時価の値下がりしたものについて，評価損が税務上計上が可能なものかどうかを検討します。次に実際に売却，処分による含み損の実現を考えてみましょう。

2．損切りの具体例

①　不動産の売却

含み損があるからといって，不動産はそう簡単に売れるものではありません。関連会社やオーナー自身への売却も考えて下さい。

②　ゴルフ会員権の売却

③　上場株式の売却

④　固定資産の除却

利益が上がったときは，使わなくなった固定資産を整理する良い機会です。

⑤　不良債権の切捨て

貸倒損失の計上が法律上できる更生計画の認可決定，再生計画認可決定等のほか，債務者の資産状況，支払能力からみて全額が回収できないことが明らかになった場合において，その債務者に書面により債務免除したときは，貸倒損失として経理することができます。ただし，債権放棄しても回収の可能性がある場合には寄付金とみなされることになりますので注意して下さい。

⑥　役員退職金の支給

広義に考えれば，将来支給する役員退職金も含み損といえるでしょう。常勤役員から非常勤役員への変更や地位の変更後の報酬がおおむね50％以上減少した，実質的にも退職と同様の事情が認められる場合には，退職金の支給が可能となります。

3．留意点

これらの損切りは，評価損の計上のように帳簿上で処理できるものではなく，現金の授受等経済行為や地位，職務内容の変更等の実態が伴うものです。正当な取引であることを証する事実を明確にしておく必要があります。

売却損を計上して税負担の軽減を

―― 損切りの 30%は税金の減少で戻る ――

ご提案のポイント

含み損のある資産で評価損の計上が可能かどうかを検討した後，次は同じく含み損のある不動産，固定資産，有価証券等で実際に売却や除却ができるものがないか検討して下さい。含み損を実際の損とすることで節税が図れます。

〈前提条件〉

① 法人の課税所得 3,000 万円

② ゴルフ会員権を売却

取得価額 2,000 万円

売却価額 900 万円（時価）

（単位：万円）

項　目	現　状	売却後	差　額
現状の所得	3,000	3,000	―
ゴルフ会員権売却損	―	▲1,100	▲1,100
課税所得	3,000	1,900	▲1,100
法人税等(30%)※	900	570	▲330

※概算の実効税率

ゴルフ会員権を売却して損が 1,100 万円生じましたが，売却損の計上で税金が 330 万円減少しました。したがって今後，同程度のゴルフ会員権を取得しても税金分の資金が残ることになります。

この場合，同族会社が役員や関連会社に時価よりも低い価額で譲渡したときは，役員賞与，寄付金の問題が生じますので注意が必要です。

また，ゴルフ会員権の譲渡が書類上仮装された取引，たとえば譲渡代金の支払いがなく翌期すぐ買戻したり，クロス取引のように売却と購入を同時に行ったりするものは，実質的な譲渡とはみなされず否認されることが考えられます。

したがって，代金の支払い，名義の変更等，売却の事実を明確にしておく必要があります。

（文責：辻・本郷税理士法人）

57　子会社の債務肩代りと不動産譲渡

1．業績不振子会社に対する損失負担

経営努力にもかかわらず，子会社が業績不振に陥った場合，親会社は社会的信用を維持するため，全力で子会社の倒産の回避に努めるものと思われますが，親会社による子会社のための一方的損失負担は，経済的利益の無償供与として寄附金と見なされる可能性がありますので留意が必要です。

親会社が子会社のために直接的に損失負担を行う際，寄附金として扱われないためには，『相当の理由』が必要です。『相当の理由』は，親会社が負担する損失の内容によって異なるものの，親会社が子会社に対し，無利息または低利率貸付により経済的利益を供与するケースでは，それが倒産を防止するため緊急に行われる資金の貸付けで合理的な再建計画に基づくものである場合をいいます。

一方，子会社に対する債権の放棄，債務の引受けを親会社が行うケースでは少なくとも子会社が消滅するか，親会社の支配下から離脱することを前提として，その債権の放棄あるいは債務の引受けをしなければ今後より大きな損失を被ることになることが明らかであるようなやむを得ない場合をいいます。

2．債務超過子会社に対する利息計上停止

支援のために貸付けを行ってきたが債務超過状態が相当期間続いており事業好転の見通しがない，回収が危ぶまれるような状況下では，親会社側では未収利息の計上を行わず，子会社側で支払利息の未払計上を行わないことが認められます。なお，この場合でも親会社は，利息債権を放棄したことにはなりませんので，将来子会社の業績が回復して利息を支払ったときには，親会社は支払いを受けた事業年度に収益計上することが可能です。

3．無償または低額の不動産賃貸

子会社等の倒産を防止するための緊急の貸付けのケースから類推して，親会社が自己所有の不動産を業績不振の子会社に賃貸するにあたって，敷金や権利金の支払いを免除したり，賃料を無償または低額に設定した場合でも，それが当該子会社の倒産を回避し，親会社の社会的信用を確保するために必要な行為である限りは，寄附金として取扱われない余地があると思われます。

4．業績不振子会社からの不動産の買取り

業績不振の子会社において不動産を所有している場合には借入金の返済等に充てるため，不動産の売却を検討するケースも多いと思われます。土地重課も 2023 年 3 月 31 日まで適用停止となり，譲渡益が子会社の繰越損失の範囲内ならば課税にならないわけです。

子会社整理に伴う整理損活用

── 整理損により親会社の税金軽減 ──

ご提案のポイント

① 業績不振の子会社を整理（解散・清算）します。
② 整理に伴う親会社の負担（整理資金の投入，子会社に対する貸付金の回収不能）は損失となります。
③ 親会社で計上した損失で，税金の軽減が図れます。
※ここでいう子会社とは100％子会社でなく親会社に50％超の株式を直接または間接に所有されていることをいいます。

〈前提条件〉

図表１　子会社の貸借対照表

（単位：万円）

その他資産	10,000	その他負債	20,000
土地	1,000	親会社からの借入金	25,000
（売却価格	15,000）	資本金	1,000
		繰越欠損金	▲35,000
	11,000		11,000

図表２　整理後の貸借対照表

（単位：万円）

資産	0	親会社からの借入金	0
		資本金	1,000
		欠損金	▲1,000
	0		0

子会社の土地を売却して負債を整理すると，子会社の資金収支および返済後の貸借対照表は図表２のようになります。

この結果，土地売却による4,500万円返済後の親会社からの借入金20,500万円は返済不能となり，親会社にとっては，貸倒損失として損金に算入できます。

なお，本文で述べたように，親会社子会社という特殊関係の下では，「貸倒損失」ではなく「寄附金」ではないか，という問題が生じることもありますのでご注意ください。

図表３　資金収支　（単位：万円）

その他資産（簿価により換金）	10,000	土地売却益	14,000
土地売却収入	15,000	債務免除益	20,500
諸経費支払	▲500	諸経費	▲500
その他負債の支払	▲20,000	繰越欠損金	▲34,000
差引・資金収支	4,500	課税所得	0
親会社への借入金返済	▲4,500		
子会社の資金残	0		

（文責：辻・本郷税理士法人）

58 欠損金の繰戻し還付制度

1．制度概要

黒字の事業年度の後に経営が悪化した場合，事業の資金繰りに窮する場合があります。中小法人等においては，欠損金の繰戻しによる還付の請求の規定を適用できることとなっています。

2．制度内容

青色申告書である確定申告書を提出する法人は，その確定申告書を提出する事業年度において生じた欠損金額がある場合は，その事業年度開始の日前1年以内に開始したいずれかの事業年度（以下「還付所得事業年度」）に繰り戻して法人税の還付を請求することができます。

3．適用要件

(1) 還付を請求する事業年度から欠損が生じた事業年度の前事業年度まで連続して青色申告書である確定申告書を提出していること。

(2) 欠損事業年度の青色申告書である確定申告書を提出期限内に提出していること。

(3) 確定申告書の提出と同時に欠損金の繰戻しによる還付請求書を提出していること。

4．還付請求できる金額

確定申告書に記載された欠損金額を，その事業年度開始の日前1年以内に開始した事業年度に繰り戻して，次の算式による法人税の還付請求ができることとされています。

還付所得事業年度の法人税額×(当事業年度の欠損金額(※)÷還付所得事業年度の所得金額)＝還付請求できる金額

(※) 分母の金額が限度とされます。

5．適用対象法人

青色申告書を提出する以下の法人の欠損金額に対し適用することができます。

① 清算中の法人

② 解散等の事実が生じた法人

③ 中小企業者等（資本金1億円以下の法人等)

2020年2月1日から2022年1月31日までの間に終了する各事業年度においては，資本金1億円超10億円以下の法人で一定のものについても，新型コロナ税特法の特例により，この制度の適用が認められます。

前期に支払った税金を取り戻す

── 前期は黒字で納税し，今期は赤字により欠損金が生じた場合には還付が受けられます ──

ご提案のポイント

欠損金が発生した事業年度の前事業年度の所得に対する法人税額を還付請求することができます。

①前事業年度の法人税額×②当事業年度の欠損金額（③の金額が限度）÷③前事業年度の所得金額＝還付請求できる金額

1．当事業年度の欠損金額 ≦ 前事業年度の所得金額　の場合

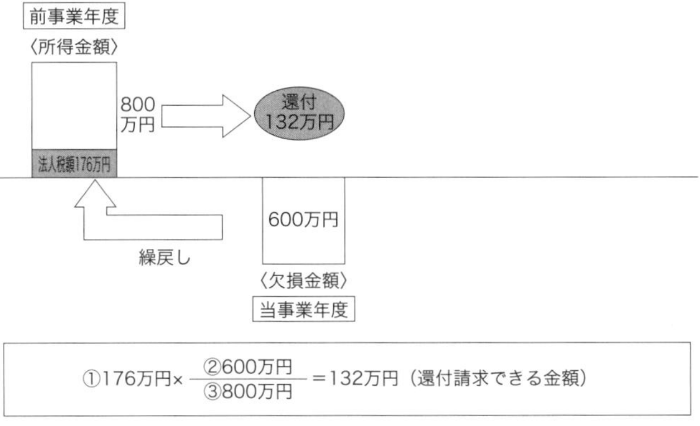

$$①176万円 \times \frac{②600万円}{③800万円} = 132万円（還付請求できる金額）$$

2．当事業年度の欠損金額 ＞ 前事業年度の所得金額　の場合

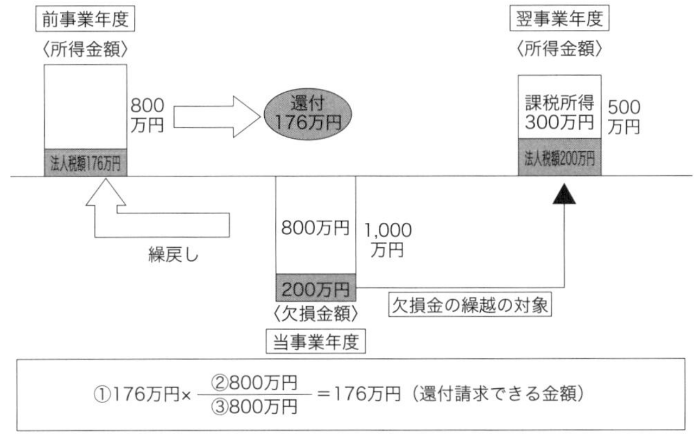

$$①176万円 \times \frac{②800万円}{③800万円} = 176万円（還付請求できる金額）$$

（文責：辻・本郷税理士法人）

59 グループ通算制度で欠損金の有効活用

1．グループ通算制度の概要

グループ通算制度とは，会社ごとに個別に計算していた法人税の計算を，企業グループ全体を一体として一括計算する制度です。

グループ通算制度の対象となる子会社は，原則として親会社の100％子会社であり，事前に申請が必要となります。

2．申請期限

グループ通算制度の承認を受けようとする最初の事業年度開始の日の３カ月前の日までに承認申請書を提出しなければなりません。

3．欠損金持込制限

① 欠損金持込制限

一定の要件を満たす通算親法人，通算子法人の，グループ通算制度開始前・通算グループ加入前に生じた欠損金を，その通算親法人，通算子法人の所得金額を限度として，使用することが可能です。

② 欠損金が持ち込める要件

・時価評価除外法人

・通算承認の効力が生じた日の５年後の日またはその通算法人の設立の日のうち，いずれか遅い日からその通算承認の効力が生じた日まで継続して支配関係が生じていること

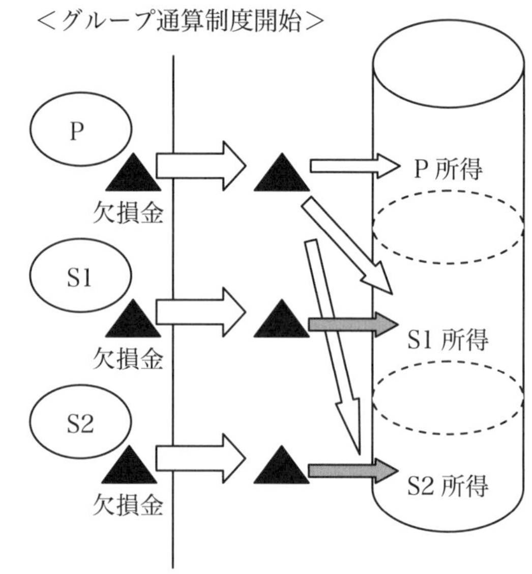

グループ通算制度により法人税を抑える

―― グループ通算制度で欠損金の有効活用 ――

ご提案のポイント

① グループ通算制度は法人税のみで住民税，事業税は適用不可

② 事前にシミュレーションを行い，無駄なく欠損金を活用

【グループ通算制度を導入しなかった場合】 （単位：万円）

会社	項目	1年目	2年目	3年目	4年目	5年目
親法人 P社	個別所得	200	▲400	▲400	600	▲200
	欠損金の控除	—	—	—	▲600	—
	差引所得	200	▲400	▲400	0	▲200
	税金（25%）	50	0	0	0	0
子法人 A社	個別所得	▲400	700	600	▲200	800
	欠損金の控除	—	▲400	—	—	▲200
	差引所得	▲400	300	600	▲200	600
	税金（25%）	0	75	150	0	150
子法人 B社	個別所得	800	▲200	600	400	▲400
	欠損金の控除	—	—	▲200	—	—
	差引所得	800	▲200	400	400	▲400
	税金（25%）	200	0	100	100	0
税金の合計		250	75	250	100	150

1年目から5年目までの税金の合計 825万円

【グループ通算制度を導入した場合】 （単位：万円）

会社	項目	1年目	2年目	3年目	4年目	5年目
親法人 P社	個別所得	200	▲400	▲400	600	▲200
	損益通算（益金算入または損金算入）	▲80	400	400	▲120	200
	差引所得	120	0	0	480	0
	税金（25%）	30	0	0	120	0
子法人 A社	個別所得	▲400	700	600	▲200	800
	損益通算（益金算入または損金算入）	400	▲600	▲200	200	▲600
	差引所得	0	100	400	0	200
	税金（25%）	0	25	100	0	50
子法人 B社	個別所得	800	▲200	600	400	▲400
	損益通算（益金算入または損金算入）	▲320	200	▲200	▲80	400
	差引所得	480	0	400	320	0
	税金（25%）	120	0	100	80	0
税金の合計		150	25	200	200	50

1年目から5年目までの税金の合計 625万円

∴ 上記のケースでは，グループ通算制度を選択した方が200万円有利となります。

※グループ通算制度を導入した場合，税負担が増えるケースもあるため，事前にシミュレーションが必要となります。また，グループ通算制度を導入した場合，事務負担が増大し，税計算や会計処理が複雑化・高度化します。税効果だけでなく経営全体の視点からメリット，デメリットを考慮して検討を行うことが必要となります。

（文責：辻・本郷税理士法人）

60 税金面からみた役員報酬

損金に算入される役員報酬の額は，無制限ではなく，当該役員の職務内容，法人の収益および使用人への給与支給状況，類似する法人の役員に対する報酬の支給状況等に照らして，その役員の職務に対する対価として相当であると認められる金額です。

1．役員報酬の適正額のチェック項目

(1) 役職によるバランスはどうか

代表取締役より平取締役への支給額が多額のときは，その支給額は過大かどうか。

(2) 常勤か非常勤か

常勤より非常勤役員への報酬が多い場合その支給額は過大かどうか。

(3) 職務経験年数

職務経験の少ない役員である社長の息子への報酬が，経験のある他の役員より多額であるときは，その支給額は過大かどうか。

(4) 収益の状況

会社の収益の状況と比較して，多額の報酬を支払っている場合には，過大の認定を受ける場合もある。

いずれについても，合理的な理由がなければ過大役員報酬となる危険性があります。

2．役員報酬に対する税金

役員報酬に対する税金は，超過累進税率になっていて，そのしくみは，次頁図のとおりです。

3．個人の税金と法人税等のバランス

役員報酬に対する個人の税金は給与所得ですので，まず給与から給与所得控除を引いて課税所得を算出し，そこに税率を乗じて所得税・住民税を算出します。個人の税金は超過累進税率で，課税所得 4,000 万円超の税率は 45％強と高い税率になっています。

次頁のように所得 5,000 万円の会社があるとします。役員報酬と法人利益とは裏腹の関係，つまり，報酬を多くとれば，利益が減少することになり，合計額（A＋B）が最も少ない数字が，税務面からみた最適な役員報酬と法人利益のバランスとなります。つまり給与 1,000 万円で，法人利益が 4,000 万円のときに最少税額になりますので，1,000 万円を超える報酬をもらうと，かえって税額合計額が増えて，結局，損をすることになります。

所得控除等によって，分岐点は異なりますが，役員報酬，年 1,000 万円～ 2,000 万円がひとつの目安です。

過大役員報酬にならないのが前提

ご提案のポイント

適正役員報酬であれば，積極的にとってください。所得税の超過累進税率と，法人税の比例税率を考慮して，この両者を比較したうえで，全体の税額が最少額となるように努力しましょう。法人税の節税を図るあまりに，個人の税金が高くなり，全体では結局高い税金を払うことのないよう注意しましょう。

役員給与	給与所得控除額	合計所得金額	番号
0	0	0	①
5,000,000	1,440,000	3,560,000	②
10,000,000	1,950,000	8,050,000	③
15,000,000	1,950,000	13,050,000	④
20,000,000	1,950,000	18,050,000	⑤
25,000,000	1,950,000	23,050,000	⑥
30,000,000	1,950,000	28,050,000	⑦
35,000,000	1,950,000	33,050,000	⑧
40,000,000	1,950,000	38,050,000	⑨
45,000,000	1,950,000	43,050,000	⑩
50,000,000	1,950,000	48,050,000	⑪

所得税及び復興特別所得税					
番号	基礎控除	課税所得	所得税(A)	復興特別所得税(B)	(A)+(B) (C)
①	0	0	0	0	0
②	480,000	3,080,000	210,500	4,420	214,900
③	480,000	7,570,000	1,105,100	23,207	1,128,300
④	480,000	12,570,000	2,612,100	54,854	2,666,900
⑤	480,000	17,570,000	4,262,100	89,504	4,351,600
⑥	480,000	22,570,000	6,232,000	130,872	6,362,800
⑦	0	28,050,000	8,424,000	176,904	8,600,900
⑧	0	33,050,000	10,424,000	218,904	10,642,900
⑨	0	38,050,000	12,424,000	260,904	12,684,900
⑩	0	43,050,000	14,576,500	306,106	14,882,600
⑪	0	48,050,000	16,826,500	353,356	17,179,800

住民税					個人の税額 (C)+(D)
番号	基礎控除	課税所得	調整控除	住民税(D)	
①	0	0	0	0	0
②	430,000	3,130,000	2,500	315,500	530,400
③	430,000	7,620,000	2,500	764,500	1,892,800
④	430,000	12,620,000	2,500	1,264,500	3,931,400
⑤	430,000	17,620,000	2,500	1,764,500	6,116,100
⑥	430,000	22,620,000	2,500	2,264,500	8,627,300
⑦	0	28,050,000	0	2,810,000	11,410,900
⑧	0	33,050,000	0	3,310,000	13,952,900
⑨	0	38,050,000	0	3,810,000	16,494,900
⑩	0	43,050,000	0	4,310,000	19,192,600
⑪	0	48,050,000	0	4,810,000	21,989,800

(単位：千円)

役員給与	個人の税額(C)+(D)	法人所得	法定実効税率	法人税等	合計額
0	0	50,000	33.58%	16,790	16,790
5,000	530	45,000	33.58%	15,111	15,641
10,000	1,893	40,000	33.58%	13,432	15,325
15,000	3,931	35,000	33.58%	11,753	15,684
20,000	6,116	30,000	33.58%	10,074	16,190
25,000	8,627	25,000	33.58%	8,395	17,022
30,000	11,411	20,000	33.58%	6,716	18,127
35,000	13,953	15,000	33.58%	5,037	18,990
40,000	16,495	10,000	33.58%	3,358	19,853
45,000	19,193	5,000	33.58%	1,679	20,872
50,000	21,990	0	33.58%	0	21,990

(注) 役員給与の所得から差し引かれる金額2,000千円とする。なお，法人税等は資本金1億円以下の法人を前提としています。実際には社会保険料の負担も考慮に入れる必要があり，より慎重な検討が必要です。

(文責：辻・本郷税理士法人)

61　役員賞与の損金算入

1．制度の概要

① 確定した時期に，確定した額を支給する旨を事前に税務署に届出をした役員賞与については，損金算入することが可能です。

② 非同族会社については，業務を執行する役員に対して支給する業務連動型の役員賞与で一定の要件を満たすものについては，損金算入することが可能です。

まず，①についてですが，今までの定期・同額要件の緩和といえます。従来は，一月以内の期間を単位として定期的に同一の額を支給する役員給与を損金算入としてきましたが，あらかじめの定めに基づいて確定時期に確定額を支給する役員賞与のうち事前に届出をしたものについては損金算入が認められるようになりました。

次に，②についてですが，今までは業績連動型報酬は原則として損金算入ができませんでしたが，2017年度税制改正で同族会社でない法人が一定の要件を満たしたものであれば損金算入ができるようになりました。

2．要件

上記の一定の要件とは，以下のとおりとなります。

① 損金経理を行っていること

② 確定額を限度として客観的な計算方法により算定されるものであること

③ ②の算定方法につき会計期間開始日から3月を経過する日までに，報酬委員会等による決定等の適正な手続きを経ていること

④ ②の算定方法が，有価証券報告書等に開示されていること

⑤ 業務執行を行う他の役員の役員賞与についても①～④と同様の要件を満たすものであること

⑥ 業績に関する指標の数値確定後一月以内に支払われまたは支払われる見込みであること

3．効果

役員賞与の支給時期や支給額が事前に確定している企業は，その損金算入ができるため，企業ごとの事業特性に応じたボーナスの支払いができ，柔軟な経営が可能となります。

また，上場企業を中心に業績連動型役員報酬の導入のニーズが高まっている昨今，柔軟な役員報酬体系の選択が可能となります。これにより，優秀な人材の確保を円滑化する効果もありそうです。

あらかじめ支給額と支給時期を定めて損金算入

── 事業特性に応じたボーナスで柔軟な経営を ──

ご提案のポイント

① あらかじめ支給額と支給時期を定めておくことで，役員賞与を損金算入させましょう。

② ①のためにも綿密な事業計画をたてるようにしましょう。

では，あらかじめ役員賞与の支給額と支給時期を定めたＡ社と，支給額と支給時期を定めずに役員賞与を支給したＢ社を比較してみましょう。

Ａ社	
売上	10 億円
販売費一般管理費	7 億円
役員給与（定額分）	8,000 万円
役員給与（ボーナス分）	2,000 万円
税引前当期利益	2 億円
法人税等	6,000 万円

Ｂ社	
売上	10 億円
販売費一般管理費	7 億円
役員給与（定額分）	8,000 万円
役員給与（ボーナス分）	2,000 万円
税引前当期利益	2 億円
税務上損金不算入	2,000 万円
法人税等	6,600 万円

（注）法人税等の概算実効税率 30％で計算しています。

以上のように，Ａ社はＢ社より法人税等の負担が600 万円も少なくて済みます。

（文責：辻・本郷税理士法人）

62 役員退職金は目一杯とる

1．法人税の節税となる

「自分が退職金をもらうというのはどうも…」と，自身の退職金の支給に踏み切れない社長がいます。しかし，退職金の資金を事前に準備しておき，堂々と目一杯もらうべきです。法人税の節税にさえつながります。

役員退職金の一般的な計算式は次のとおりです。

役員退職金＝退職時の最終報酬月額×役員在籍年数×功績倍率

退職金の金額が，その役員の在職期間，退職の事情，同規模他社における役員退職金の支給状況，在任中の功績等に照らして過大であると認定されれば，その否認分は損金に算入できなくなるため，適正と認められる功績倍率を決定することが重要な問題になります。1.5倍から２倍程度の範囲ならば問題はないとされており，在任中の功績が多大である等の事実が立証できれば３倍程度まで可能だと思われます。一つのよい方法としては，役員退職金支給に関する規程をあらかじめ作成しておき，その中で功績倍率を上記の範囲内で決定しておくことです。ただし，役員退職金は取締役の給与としての性質をもっていますから，定款または株主総会の決議がない限り，会社法違反となるので注意してください。

2．個人の節税にもつながる

役員退職金をもらえば会社との関係が完全に断ち切られてしまうわけではなく，個人にとっても節税につながるのです。役員退職金は個人にとっては退職所得となりますので，通常の所得税の累進課税が課されず，収入金額から退職所得控除額を差引いて，さらにその２分の１に対して課税されることになります。ですから目一杯の退職金は法人にとっての損金ですし，個人にとってもその半分に対してのみ課税されるという一石二鳥の節税になるというわけです。また，法人税法上では改選による再任（常勤役員から非常勤役員への地位の変更），分掌変更後の報酬がおおむね50％以上減少し，実質的にも退職と同様の事情が認められる場合には，支給した金額は，税務上も退職給与として認定されます。ですから退職金をもらったら，会社に関与できないという心配もないのです。

※勤続年数５年以下の会社役員等に対する役員退職金にかかる所得制等の計算は２分の１が適用されませんので注意してください。

退職金支給が法人の税務対策上有利

―― 退職所得は所得税軽減で個人もプラス ――

ご提案のポイント

① 適正な功績倍率に基づく役員退職金は損金算入できますので，法人にとって節税となります。

② 退職所得に対する所得税は軽減されますので，個人にとっても節税となります。

③ 役員退職金の大口支払いにより当該年度の期間損益は大きくマイナスとなり，自社の株価の低下要因となります。この時期を見はからってオーナー持株を後継者に譲渡すれば株式移転を進めることができます。

功績倍率は1～3倍程度が適正と思われますが，実務上は個別ケースにより検討する必要があります。

$$功績倍率=\frac{実際の退職金支給額}{役員在籍年数\times最終報酬月額}$$

役員退職金による節税シミュレーションをしてみましょう。

役員退職金…50万円×20年×3＝3,000万円（この場合3,000万円が，損金として認められます）というケースです。

（単位：万円）

	実行前	実行後	資金負担
売上総利益	20,000	20,000	―
販管費	5,000	8,000 *	＋3,000
経常利益	15,000	12,000	―
法人税額(30%)	4,500	3,600	△900
実質負担額			2,100

＊ 役員退職金3,000万円が含まれています。したがって，A社にとっては，2,100万円の資金負担で3,000万円の役員退職金支払が可能ということになります。

（オーナー退職に伴う個人所得税・住民税　323.7万円，勤続年数20年）

（注）所得税には，復興特別所得税が含まれます。

手取額　3,000万円－323.7万円＝2,676.3万円

（文責：辻・本郷税理士法人）

63 従業員に対する退職金の打ち切り支給

1．退職金規程の見直しの時期

終身雇用制度や年功序列型の賃金システムが崩れる現代社会にあって，果たして退職金というのは必要なものなのかどうか，改めて検証することは経営者にとって重要な課題です。

人材確保の点からいっても，優秀な社員を確保し，流出を避けるためには，長い長い先の退職金で繋ぎとめるよりも，今の給与で報いた方がより効果的なケースもあります。

退職金規程そのものを廃止して，あらたな給与体系を整備することにも検討の余地はあります。

2．退職金規程廃止による退職金は退職所得か

税務上，退職金が経費で処理できる要件は以下のとおりです。

① 退職金を支給するための退職の事実が生じていること
② 退職金として経理処理していること
③ 退職金額が合理的に決定され，適正なものであること

役員であれ従業員であれ，手続き面ではいくらか違いがありますが，上記のポイントは同様です。

ところが，退職金規程の廃止に伴い支給される「退職金」は，果たして退職金なのかどうかです。

要件の①にあるように，退職の事実の面からいうと，規程は廃止されたものの同じ会社に在籍したままですから，退職の事実はありません。

したがって，退職金としては支給できないという解釈もありますが，財務状況の悪化等のやむを得ない事情があれば，退職所得として認められるものと考えられます。

個別ケースにより，退職所得かどうか問題になることもありますので，事前に専門家ないし税務署にご相談下さい。

退職金規程の廃止による退職金支給

――「ペイレイター」から「ペイナウ」への転換――

ご提案のポイント

潜在債務を顕在化させ，退職金として支給してはいかがでしょうか。退職金規程廃止により退職金を支給することで，企業経営が健全化できます。

① 簿外債務の解消
② 優秀な人材の確保
③ 退職所得としての課税（確定拠出年金制度への移行等，相当の理由がある場合）
④ 法人税の負担軽減

〈前提条件〉

(1) 法人の課税所得　　2億円
(2) 退職金規程廃止による退職金支給額　　3億円
(3) 資本金　　1,000万円

（単位：万円）

項　目	現　状	支給後
課税所得 支給退職金	20,000	20,000 30,000
支給後課税所得	20,000	▲10,000
法人税等	6,000	0

（注）税負担率　30%

支給後は，課税所得がなく税負担は生じません。さらに，青色申告であれば，翌期以降10年間（※）は欠損金（10,000万円）を繰越できますので，さらにその分の税負担を軽減することができます。

従来でしたら，退職金要支給額30,000万円の一部を税務上，退職給与引当金として繰入することができたため，内部保留することができましたが，現在はすべて課税対象となるため，支給した時以外は損金としては認められません。

今までの退職金を清算して損金で処理すると同時に，潜在債務を一掃することで財務の健全化を図ってみてはいかがでしょうか。

（文責：辻・本郷税理士法人）

64 役員退職金による株価引下げ

1．役員退職金の適正額

役員退職金については，税務上の適正な金額は次のような算式で求められます。

> 退職時の最終報酬月額×役員在籍年数×功績倍率

功績倍率は，通常2～3倍程度とされています。

したがって，最終報酬月額100万円，役員在籍年数30年，功績倍率3倍とすると，9,000万円（＝100万円×30年×3倍）が税務上の適正額ということになります。

2．役員退職金支給による自社株式の評価引下げ

役員退職金の支給により，自社株評価の引下げ効果として，次のようなものがあります。

① 利益の圧縮

② 配当の中止

③ 純資産の減少

特に，類似業種比準価額によっている場合，利益，配当をともにゼロにすることで，相当の評価の引下げが見込まれます。

たとえば，右上表のケースで見てみましょう。

項目	上場会社（類似業種）	自社	
		支給前	支給後
株価	1,000円	9,100円	700円
配当	5	50	0
利益	30	500	0
純資産	200	1,000	1,000
所有株数	—	200,000株	200,000株

（注） 当期利益1億円のところ，役員退職金1億円を支給し，当期利益0，配当0とする。また，特定の評価会社には該当しないものとする。

(1) 支給前類似業種比準価額

① 1株当たり評価額（大会社の場合）

$$1{,}000\text{円}\times\left(\frac{\frac{50}{5}+\frac{500}{30}+\frac{1{,}000}{200}}{3}\right)\times0.7=7{,}385\text{円}$$

② 総額

7,385円×200,000株＝14億7,700万円

(2) 支給後類似業種比準価額

① 1株当たり評価額（大会社の場合）

$$1{,}000\text{円}\times\left(\frac{\frac{0}{5}+\frac{0}{30}+\frac{1{,}000}{200}}{3}\right)\times0.7=1{,}162\text{円}$$

② 総額

1,162円×200,000株＝2億3,240万円

役員退職金支給により期間利益を抑えてしまうことが有効な株価対策となります。

3．有効な時期

オーナー社長の引退が間近に迫っている時期には，社長の退職金を多額に支払い，株価が下がったところを見はからって後継者に持株を譲渡または贈与する方法が有効となります。

高額の退職金支出で益金減らす

―― 役員退職金の支給で類似業種比準価額を下げる ――

ご提案のポイント

多額の利益のために類似業種比準価額が高くなっている会社については，役員退職金支給により利益を大幅に圧縮することで，株価を引き下げることが有効です。

項　目	類似業種	自　　社
株　価	1,000円	一円
配　当	5	50
利　益	50	500
純資産	200	2,000

類似業種比準価額は，

$$1{,}000円\times\left(\frac{\frac{50}{5}+\frac{500}{50}+\frac{2,000}{200}}{3}\right)\times 0.7=7{,}000円$$

(注)大会社の場合 ↗

となります。

この場合に，配当，利益の比準割合の変化によって，類似業種比準価額がどのように変わっていくかをシミュレーションしてみましょう。

	比　準　割　合				類似業種比準株価（大会社の場合）	株価変動
	配当	利益	純資産	計		
現状	10倍	10倍	10倍	30倍	7倍（10倍×0.7）	―
シミュレーション	5倍	10倍	10倍	25倍	5.8倍（8.3倍×0.7）	▲1.2（▲17%）
	0倍	10倍	10倍	20倍	4.6倍（6.6倍×0.7）	▲2.4（▲34%）
	0倍	5倍	10倍	15倍	3.5倍（5倍×0.7）	▲3.5（▲50%）
	0倍	0倍	10倍	10倍	2.3倍（3.3倍×0.7）	▲4.6（▲67%）

この表からわかるように，比準割合の変化につれて，類似業種比準価額(大会社の場合)も変動していますが，変動率は次のとおりです。比準割合の合計が30倍である場合，株価の変動は，7倍（30倍÷3×0.7）であり，比準割合の合計が10倍である場合は，同じく2.3倍（10倍÷3×0.7）が株価への影響となって表れています。要約すると，比準割合の合計が減少した分だけ，株価が減少しますから，配当，利益が比準割合のほとんどを占める場合などは，配当，利益の減少が大きな株価の低下につながることになります。

法人所得の計算上も，適正な範囲内の退職金であれば損金算入されるため，法人税等の負担も軽減されます。また，高収益の時期に後継者へバトンを渡すことも，事業承継をスムーズに進めるうえで有効です。

(文責：辻・本郷税理士法人)

65 設備投資減税を受けるための中小企業等経営強化法の活用ポイント

1．概要

中小企業者等は，中小企業等経営強化法の趣旨に従って「経営力向上計画」を策定し，一定の要件を満たすことで，下記の5つの特典を享受することができます。

支援措置	具体的効果
法人税の優遇（経営強化税制）	一定の要件を満たす設備投資等について，即時償却または税額控除の適用を受けられる。
資金繰りの支援	有利な条件で資金調達が可能（政策金融機関からの低利融資，民間金融機関からの信用保証・債務保証など）。
補助金申請の際の優先採択	認定事業者に対しては補助金採択審査において優先的に採択される。
賃上げ税制（2018年4月1日より）	一定の要件を満たせば，給与等支給増加額の30％の税額控除，さらに特定の要件を満たせば40％が控除される（税額控除額は法人税額の20％が限度）。
事業承継等に係る登録免許税・不動産取得税の特例	他者から事業を承継するために，土地・建物を取得する場合，登録免許税・不動産取得税の軽減措置が受けられる。

2．対象となる事業者

この制度の恩恵をフルに受けられるのは，下記の要件を満たす中小事業者等です。

法人：資本金または出資の総額が1億円以下

個人：従業員数が1,000人以下

なお，みなし大企業（資本金1億円を超える法人に実質的に支配されている法人）や前3事業年度の所得金額の平均額が15億円を超える法人については適用できません。

また，債務保証等の金融支援については，支援内容と会社規模により，一定の制限があります。

3．現状，認定事業者は製造業が圧倒的に多い

認定事業者については中小企業庁が定期的に発表しています。

その業種別の内訳を見ますと，上位は概ね下記のような構成となっています。

製造業	36％
卸・小売業	8％
建設業	25％
その他の業種	31％

つまり，ほとんどが製造業となっており，この制度の恩恵を大きく受けるのは設備投資が生産性に直結する製造業であることが分かります。

中小企業経営強化税制を受けるためのポイント

── 経営力向上計画の策定が必要 ──

ご提案のポイント

この制度の恩恵を受けるためには，各事業分野別の大臣から認定を受ける必要があります。

1．手続の流れ

中小企業経営強化税制の適用を受ける場合の基本的な流れとしては下記の通りです。手続に時間がかかる可能性もありますので，計画的に進める必要があります。

①経営力向上計画を策定

実務上は，金融機関や税理士等に協力を依頼する形になるかと思います。

この支援措置を売りに営業を行ない，経営力向上計画の策定までお手伝いする業者も出てきているようです。

法人税の即時償却や税額控除の適用を受ける場合には，工業会等の証明書も必要になります（状況によっては3カ月程度かかります）。

②各事業分野の主務大臣に申請書類一式を提出

なお，設備を先に取得している場合には取得後60日以内に提出の必要があります。

③主務大臣から認定書が交付（概ね，30～50日程度）

④経営力向上計画に従って設備投資等を実行

（文責：辻・本郷税理士法人）

66 グループ内取引等にかかる税制（譲渡取引の取扱い）

1．制度の概要

グループ間の譲渡取引については，時価と簿価の差額を譲渡損益として認識していましたが，グループ内における一定の資産（以下「譲渡損益調整資産」という）の譲渡を行った場合には，その譲渡損益調整資産をグループ外に譲渡した時に，その譲渡損益を認識することになりました。このグループ法人税制は資本金の大小に関係なく，100％内国法人間で強制適用されます。

2．適用対象者の範囲

グループ法人税制は，株式または出資の100％を保有する完全支配関係がある場合に適用されます。この完全支配関係とは，一の者が法人の発行済株式総数の全部を直接もしくは間接に保有する関係，一の者との間に当事者間の完全支配の関係がある法人相互の関係をいい，一の者には内国法人だけでなく，外国法人や個人（同族関係者を含む）も対象となります。また，完全支配関係においては兄弟会社間や孫会社間等の関係が含まれ，出資には医療法人の出資も含まれます。

3．適用対象資産

譲渡損益の繰延の対象となる譲渡損益調整資産は，固定資産，棚卸資産である土地，有価証券（売買目的有価証券を除く），金銭債権及び繰延資産のうち，譲渡直前の帳簿価額が1,000万円以上のものをいいます。

4．計算

内国法人（譲渡する法人）が，その有する譲渡損益調整資産を完全支配関係にある他の内国法人（譲受法人）に譲渡した場合には，当該譲渡損益調整資産にかかる譲渡損益に相当する金額は，その譲渡した事業年度の損益に算入しません。この際，譲渡法人の譲渡損益を調整し，譲受法人は時価で受け入れます。

その後，譲受法人が譲渡損益調整資産を譲渡して損益を計上した際に，譲渡法人は，繰り延べしていた譲渡損益調整資産の譲渡損益を計上することになります。

5．実務上の影響

グループ法人間の取引において，繰延べた譲渡損益を実現させるタイミングを見誤らないために，当該譲渡損益調整資産の譲渡後もその資産を個別に管理する必要があります。

含み益の多い土地等を完全支配関係がある会社へ売却することにより相続対策も可能

── 特定保有会社の評価を回避 ──

ご提案のポイント

古くから所有している土地・株式等で含み益が過大なものについては，資産を譲渡した際に譲渡益が課税されるため，事業承継・資産承継の妨げになっていました。

そこで，グループ法人税制を活用し，土地・株式等の含み益を繰り延べ，かつ相続税の評価額を引き下げることにより，事業承継・資産承継を実現させます。

〈前提条件〉

会社名：A株式会社

土地の相続税評価額：16億円（帳簿価額1億円），土地の時価：20億円

会社の総資産（相続税評価額）：20億円

発行済株式数：10万株

1株あたり純資産価額：10,000円

1株あたり類似業種比準価額：2,000円

会社の判定：土地保有特定会社（一般会社の場合は，大会社に該当）

A社の株主：社長が100％保有

上記前提において，社長の子が100％出資の会社（B株式会社）を設立します。A株式会社が所有している土地を社長の子が出資したB株式会社へ時価の20億円で譲渡します。

	譲渡前	譲渡後
相続財産	A社株式	A社株式
1株あたり評価方法	純資産価額方式	類似業種比準価額方式
1株あたり評価額	10,000円	2,000円
相続財産評価	10億円	2億円

譲渡に際し，譲渡益19億円が繰り延べられ，相続財産の評価についても10億円から2億円と評価引き下げが可能になります。

（文責：辻・本郷税理士法人）

67 グループ内取引等にかかる税制（寄付金の取扱い）

1．制度の概要

グループ内における内国法人間の寄付については，支出した法人についてはその寄付金は損金算入限度額の範囲内で損金に算入し，受領した法人はその受贈益は全額益金算入として認識していましたが，支出した内国法人についてはその寄付金は全額損金不算入，受領した内国法人についてもその受贈益は全額益金不算入として処理することになりました。

2．適用対象者の範囲

グループ法人税制は，株式または出資の100％を保有する完全支配関係がある場合に適用されます。この完全支配関係とは，一の者が法人の発行済株式総数の全部を直接もしくは間接に保有する関係，一の者との間に当事者間の完全支配の関係がある法人相互の関係をいいます。

ただし，個人株主を頂点とする100％子会社は，寄付金の損金不算入制度及び受贈益の益金不算入制度の対象となりません。よって，グループ内取引等における譲渡取引とは適用対象法人の範囲が異なるので注意が必要です。

3．低額譲渡等の取扱い

内国法人（譲渡する法人）が，その有する土地や有価証券等の譲渡損益調整資産を完全支配関係にある他の内国法人（譲受法人）に譲渡した場合には，その譲渡価額が時価よりも低い価額（もしくは高い価額）である場合は，時価と譲渡価額との差額を寄付金として認識し，譲渡損益調整資産にかかる譲渡損益に相当する金額は，その譲渡した事業年度の損益に算入しないことになります。

例えば，土地（帳簿価額2,000万円，時価：5,000万円）を3,000万円で譲渡した場合，譲渡した法人においては，資産の譲渡益は3,000万円，寄付金は2,000万円となり，寄付金については全額損金不算入になりますが，譲渡益は課税の繰延べになります。また，譲り受けた法人においては，受贈益の2,000万円については全額益金不算入となります。

4．実務上の影響

グループ法人税制においては，グループ内の内国法人間の資金移動については，寄付を受けた法人においては無利息での調達が可能となるなど，さまざまな方法で資金移動等が可能になります。

益金不算入を利用してグループの税負担を軽減する

―― 無利息で資金調達 ――

ご提案のポイント

すでに寄付金の損金不算入制度が適用され，損金不算入となっている法人においては，受領する法人の益金不算入を利用することにより，無利息での資金移動およびグループにおける税負担の軽減が可能になります。

〈前提条件〉

親会社：Ｐ社（当期利益：9,000 万円，寄付金：1,000 万円，損金不算入：1,000 万円）
子会社：Ｓ社（Ｐ社の 100％子会社。当期利益 2,000 万円（受贈益 1,000 万円を含む））
法人税率：30％

【改正前】

Ｐ社	Ｓ社
当期利益　9,000 万円	当期利益　2,000 万円（益金算入の 1,000 万円を含む）
損金不算入　1,000 万円	益金不算入　0 円
課税所得　10,000 万円	課税所得　2,000 万円
法人税等　3,000 万円	法人税等　600 万円
グループの法人税等　3,000 万円 ＋ 600 万円 ＝ 3,600 万円	

【改正後】

Ｐ社	Ｓ社
当期利益　9,000 万円	当期利益　2,000 万円（益金算入の 1,000 万円を含む）
損金不算入　1,000 万円	益金不算入　1,000 万円
課税所得　10,000 万円	課税所得　1,000 万円
法人税等　3,000 万円	法人税等　300 万円
グループの法人税等　3,000 万円 ＋ 300 万円 ＝ 3,300 万円	

よって，グループ全体で 300 万円の税負担が軽減されます。

（文責：辻・本郷税理士法人）

68 グループ内取引等にかかる税制（金庫株の取扱い）

1．制度の概要

内国法人が，100％グループ内の内国法人の株式を発行法人に対して譲渡した場合には，譲渡対価の額を譲渡原価の額とみなし，その譲渡損益を認識しないこととなります。

2．適用対象者の範囲

グループ法人税制は，取引時点において完全支配関係がある内国法人間で行われる一定の取引について適用される制度と規定しており，完全支配関係とは以下のとおりとなります。

①一の者（法人および個人同族関係者）が法人の発行済株式等の全部を直接にもしくは間接に保有する関係（当事者間の完全支配関係）

②一の者との間に当事者間の完全支配の関係がある法人相互の関係。

3．計算

内国法人（譲渡法人）が，その有する完全支配関係がある他の内国法人（譲受法人）の株式をその譲受法人に譲渡した場合には，その譲渡対価の額を譲渡原価の額とみなして譲渡損益を認識しないこととなります。

みなし配当金額については受取配当等の益金不算入の規定が適用されますので，当該譲渡による課税関係は生じないこととなります。

4．実務上の取扱い

譲渡損益が認識されないことにより，自己株式を取得し，発行済株式の消却等を行う際に譲渡損益の発生を考慮せずに行うことができます。

発行法人への株式の譲渡

── 譲渡損益を認識せずに株式を売却 ──

ご提案のポイント

子会社等への投資資金の回収として金庫株の実施も検討する必要があると考えられます。

【前提条件】

譲渡対価：1,000 万円　　みなし配当金額：750 万円
帳簿価額：500 万円　　譲渡する有価証券にかかる資本金等の額：250 万円

【会計上の処理】

(現金預金)	1,000 万円	(受取配当金)	750 万円
(有価証券譲渡損)	250 万円	(有価証券)	500 万円

＊便宜上，源泉所得税は省略

【税務上の処理】（完全支配関係：無）

当期利益	500 万円	……	750 万円　－　250 万円
加算	0 円		
減算	750 万円	……	受取配当等の益金不算入(便宜上全額を減算しています)
課税所得	▲ 250 万円	……	＊結果的に有価証券譲渡損が認識される

【税務上の処理】（完全支配関係：有）

当期利益	500 万円	……	750 万円　－　250 万円
加算	250 万円	……	有価証券譲渡損否認
減算	750 万円	……	受取配当等の益金不算入
課税所得	0 万円	……	課税関係は生じない

会計上の利益は 750 万円－ 250 万円＝ 500 万円でしたが，通常の場合（完全支配関係がない場合）には，750 万円が益金不算入となり，法人税における課税所得はマイナス 250 万円となります。

しかし，完全支配関係がある場合には，有価証券譲渡損 250 万円は損失ではなく，資本金等の額の減少となり，課税関係は生じないこととなります。

（文責：辻・本郷税理士法人）

69 交際費等の損金不算入制度

1．概要

①交際費等に含まれる飲食費等の金額の50％が損金算入されるとともに，②中小法人については，定額控除限度額（2．(2) 参照）までの交際費等の損金算入の特例と①との選択適用が認められています。この制度は2022年度の税制改正でさらに2年間延長（2024年3月31日までの間に開始する事業年度まで）されました。

2．制度の内容

(1) 大法人

交際費等の額のうち，飲食のために支出する費用の額の50％を損金算入することが認められます。

ただし2020年4月1日から2024年3月31日までに開始する各事業年度においては，資本金の額等が100億円を超える法人は上記の規定の適用から除外されます。

(2) 中小法人（期末の資本金の額または出資金の額が1億円以下の法人，ただし資本金の額または出資金の額が5億円以上の法人の100％子会社等は除かれる）

支出した交際費等の額のうち定額控除限度額（800万円に該当事業年度の月数を乗じ，それを12で除して計算した金額）までの金額と，上記の「飲食のために支出する費用の額の50％」の金額のうち，損金算入額が有利なほうを選択適用することができるようになります。

3．50％損金算入となる飲食費

1人あたり5,000円までの飲食費については，従前どおり交際費から除外されるため，損金算入が可能です。また，50％損金算入となる飲食費には，専らその法人の役員，従業員等に対する接待のために支出する費用（いわゆる社内接待費）は含まれないこととされていますので注意が必要です。

(注) この規定は，交際費等のうち飲食その他これに類する行為のために要する費用であることを明らかにするために所定の事項を記載した書類を保存している場合に限り適用されます。

接待飲食費の50%が損金算入可能

ご提案のポイント

期末資本金の額1億円超の大会社でも飲食費等の50%が損金算入可能です。この制度は2022年度税制改正でさらに2年間延長（2024年3月31日まで）されました。

ただし資本金の額等が100億円を超える法人は上記の適用から除外されます。

〈前提条件〉

・資本金2億円
・交際費はすべて飲食費

① 1人あたり5,000円以下の飲食費500万円
② 1人あたり5,000円超の飲食費700万円
③ 社内接待費※200万円

※社内接待費とは，もっぱらその法人の役員，従業員等に対する接待のために支出する費用をいいます。

①の「1人あたり5,000円以下の飲食費」については，従前どおり，一定の要件を満たせば全額損金算入が可能です。②の「1人あたり5,000円超の飲食費」については，支出額の50%が損金算入可能となりました。なお，支出額に関わらず，③の「社内接待費」に該当する場合には，全額損金不算入となりますので注意が必要です。

2014年税制改正前後における損金算入額の比較

飲食費		損金算入額		
		改正前	改正後	差額
①1人あたり5,000円以下の飲食費	500万円	500万円	500万円	0円
②1人あたり5,000円超の飲食費	700万円	0円	350万円	350万円
③社内接待費	200万円	0円	0円	0円
合計	1,400万円	500万円	850万円	350万円

（文責：辻・本郷税理士法人）

70 税引後利益の重視

1．利益と所得とは異なる

法人税等を計算するうえで重要なポイントは，利益と所得です。利益とは売上－経費＝利益（儲け）という考えであり，所得とは，税務上の考えで利益から導かれるものです。つまり，利益に交際費や寄付金の損金不算入額等々の諸々の加算・減算を行って算出するもので利益とは大きく異なる場合も出てきます。

つまり，厳密にいいますと，税金は法人の利益に対してかかるのではなく，課税所得に対してかかってくるものなのです。したがって，極端なケースでは，利益がないのに税金が発生する場合もあります。

2．税金を払った後に何が残るか

大変な企業努力をして税引前利益を出し，次にはいよいよ税金が待っています。この税金を支払った後での損益計算書はどうなるのでしょうか。ここで２つの損益計算書を比較してみましょう。

まずA社の場合には税引前利益が8,000万円ありますが，法人税等の税金が6,000万円ありますので，税引後は当期利益2,000万円となってしまいました。その理由は，税引前利益8,000万円に交際費等の損金不算入額が加算され，課税所得が２億円となり，税金が30％の6,000万円発生したことによります。

一方，B社の場合には，税引前利益が5,000万円，損金不算入額が1,000万円あり，課税所得が6,000万円で，税金の1,800万円を差し引いても税引後利益は3,200万円残りました。

この２社の善し悪しは一目瞭然です。A社の方はわずかな税引後利益を計上するのみで，この状態が10年も続いたら，売上その他でもA社とB社の立場が逆転することは間違いないと思われます。

A社の問題点は，損金不算入額が多額であったために，税引前利益の7.5割相当の法人税等が発生したことにあります。損金不算入額をできるだけ減らす努力が必要となります。

3．真の企業優劣とは

A社の方が，売上，税引前利益，課税所得どれをとってもB社よりも上回っているのに，税引後では，B社の方が利益を多く出しています。何かが変だと思いませんか。そうです。会社を比較する場合のメジャーは，売上ではなく，税引前利益でもなく，ましてや課税所得でもなく，税引後利益なのです。

税引後利益の中から配当が還元され，また企業のさらなる成長のための投資の原資となるため，キャッシュ・フロー経営が重視される中，利益極大化よりも税引後利益極大化を図る必要性があります。

損金不算入の項目をもう一度見直してみて下さい。

損金不算入経費の削減がコツ

── 交際費・寄付金には更に税金が ──

ご提案のポイント

法人税の計算は，利益に，ある特定の項目を加算・減算して課税所得を求め，課税所得の概ね30％（本来は表面税率35～38％程度ですが，ここでは分かりやすくするために概算の実効税率を用います）が税金となります。この税金のうち事業税を除いた部分は，損金（税務上の経費）とはなりません。

法人の真の力は，税金を払ってどのくらい利益が残るかにかかっています。

比較表

（単位：万円）

	A社	B社
Ⅰ 売上高	200,000	100,000
Ⅱ 売上原価	140,000	70,000
売上総利益	60,000	30,000
Ⅲ 販管費および一般管理費	52,000	25,000
営業利益	8,000	5,000
Ⅳ 営業外損益	0	0
税引前当期利益	8,000	5,000
法人税・住民税・事業税	6,000	1,800
当期利益	2,000	3,200
所得の計算		
税引前利益	8,000	5,000
交際費等の損益不算入額*1	12,000	1,000
課税所得	20,000	6,000
法人税等*2	6,000	1,800
	20,000 × 30％ = 6,000	6,000 × 30％ = 1,800

＊1　交際費や寄付金の損金不算入額を，A社は1億2,000万円，B社は1,000万円と仮定

＊2　税率は30％と仮定

税引後利益を最大にするような対策を講じることが，企業にとって重要なことです。表面利益にとらわれず，実質利益の確保を図るべきです。

（文責：辻・本郷税理士法人）

71 研究開発投資による税額軽減

研究開発促進税制の恒久的措置に加え，研究開発投資の増加額について控除率の優遇を講じること等により，研究開発投資へのインセンティブを強化する制度として，研究開発促進税制が見直し強化されています。

試験研究費の税額控除については下表のとおりです。

試験研究費の総額に係る税額控除制度

（(1)，(3)は選択適用）

区分	事業年度	適用対象者	税額控除額	税額控除限度額
(1)試験研究費の総額に係る税額控除	2021年4月1日以降に開始する事業年度より適用	青色申告書を提出する法人	試験研究費の増減に応じてその試験研究費の2～14%(※1)	法人税額の25% 一定のベンチャー企業は40%(※3)
(2)特別試験研究費の額に係る税額控除			特別試験研究費の20%～30%（国の試験研究機関・大学との間の共同・委託研究：30%，研究開発型ベンチャー企業：25%，企業間等：20%）	法人税額の10% (1)(3)とは別枠
(3)中小企業技術基盤強化税制		青色申告書を提出する中小企業等（適用除外事業者を除く）	試験研究費の増減に応じてその試験研究費の12%～17%(※2)	法人税額の25%(※3，※4)

※1 試験研究費の額が平均売上金額の10%を超える場合には，超える割合に応じて計算した率を加算（加算後上限14%）。

※2 試験研究費の額が平均売上金額の10%を超える場合には，超える割合に応じて計算した率を加算（加算後上限17%）。

※3 試験研究費の額が平均売上金額の10%を超える場合には，超える割合に応じて0～10%を加算（加算後上限法人税額の35%）。

※4 当期試験研究費が前3年平均試験研究費に対して9.4%超増加している場合には，10%を上乗せ。

（※3※4は，いずれか選択適用）

（注1）大企業（期末資本金の額または出資の額が1億円超の法人，その他一定の法人）に対しては，適用制限があります。

（注2）この制度の適用を受けるためには，控除の対象となる試験研究費の額および控除を受ける金額を確定申告書等に記載するとともに，その金額の計算に関する明細書を添付して申告する必要があります。

（注3）この制度は中小企業等に限り，法人住民税についても適用されます。

この制度は，中小企業者等以外の法人が，2018年4月1日から2024年3月31日までの間に開始する各事業年度において，次の要件のいずれにも該当しない場合（その事業年度の所得金額が前事業年度の所得金額以下ある場合を除きます）には適用できません。

ⓐ継続雇用者給与等支給額＞継続雇用者比較給与等支給額

ⓑ国内設備投資額＞当期償却費総額×30%

研究開発費で一石二鳥の企業強化

ご提案のポイント

① 中小企業（適用除外事業者等を除く）については中小企業技術基盤強化税制が最も使い勝手が良い制度です。

② 試験研究費が減少しても税額控除を受けることができます。

〈前提条件〉

(1) X年度試験研究費　100億円

(2) 比較試験研究費70億円（X－1年度80億円，X－2年度70億円，X－3年度60億円）

(3) 増加試験研究費割合42.8％＞9.4％

∴12％＋(42.8％−9.4％)×0.35＝23.69％（中小企業技術基盤強化税制により17％控除）

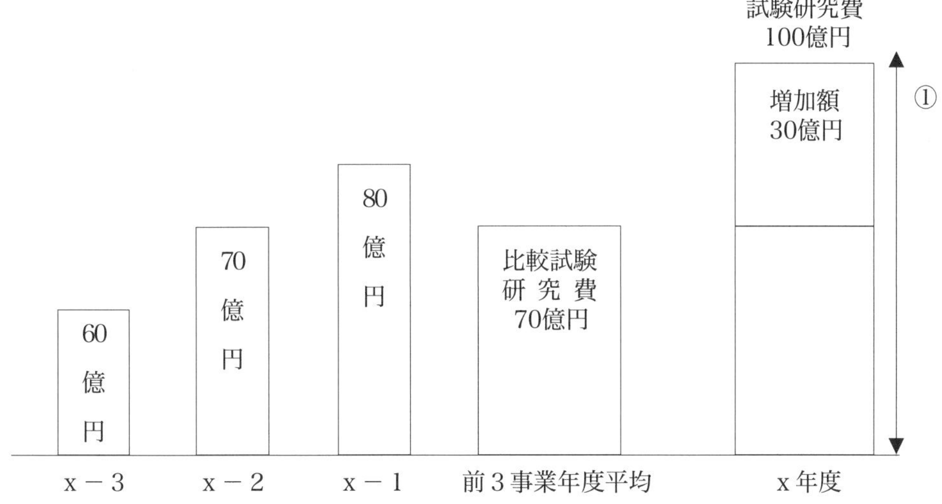

税額控除額の計算

① 中小企業技術基盤強化税制

100億円×17％＝17億円

（文責：辻・本郷税理士法人）

72 高収益企業の分社のメリット

1．分社による節税メリット

分社による節税メリットは，主に次の点があげられます。

(1) 低い税率の活用

中小企業の法人税は，基本的に二段階の比例税率となっています。つまり，資本金1億円以下の会社にあっては，所得800万円までは，約23%，800万円超の部分については，約33%の法人税が課されるために，1社増えれば，所得800万円までの低い税率を，二度使うことができます(地方税等を含めた概算の実効税率です)。

たとえば，所得2,000万円の会社のケースと，所得1,000万円の会社が2社ある場合と比較してみましょう。

(単位：万円)

(1社のケース)	(2社のケース)
(所得2,000)	(所得1,000)
800 × 23%＝ 184 1,200 × 33%＝396	800 × 23%＝184 200 × 33%＝ 66
計580	計250 250 × 2 ＝ 500

その差は，80万円にもなります。分社して，会社の数が増えるほど，このメリットは大きくなります。

(2) 交際費の損金算入が分社により2倍

中小法人（資本金1億円以下の法人）が支出した定額控除限度額（800万円）までの交際費全額が損金として認められます。また，交際費等に含まれる飲食費等の金額の50%との選択適用が可能です。

(3) 中古資産の減価償却費

分社に伴って，従来，使用していた資産を別会社へ譲渡した場合は，譲渡された資産の簡便法による耐用年数は，以下のとおりで，結果的に，早期に償却が可能です。

① 法定耐用年数経過のもの
法定耐用年数× 20%

② 法的耐用年数一部経過のもの
(法定耐用年数－経過年数)＋経過年数× 20%

(4) 10万円未満の償却資産の費用処理

別会社へ譲渡する際，10万円未満のものは，その時点で費用処理が可能です。

ただし，資本金の額が5億円以上である法人による完全支配関係がある場合，(1)の800万円までの軽減税率と，(2)の定額控除額800万円は適用されないこととされています。

2．オーナーの株価対策にも有効

なお，地方税の均等割は各社で負担することになります。

また，高収益部門を子会社として分社すれば，オーナーの株価対策にも有効となります。

3．適用除外会社の取扱い

中小企業者のうち，いわゆる適用除外会社（前3事業年度の平均所得金額が15億円超の中小企業者）については，中小企業者等の法人税率の特例等一定の租税特別措置法上の中小企業向け特例の対象から除外されることとなります。

中小企業軽減税率の有効活用

―― 会社を分けることにより節税メリットが高まります ――

ご提案のポイント

会社を分けることによって，法人税の二段階比例税率のしくみを，有効に活用できます。この方法は，単なる課税の繰り延べではないため，節税額がそのまま会社に留保されます。

＜前提＞

概算実効税率　800 万円まで 23%，800 万円超は 33%

（単位：万円）

	1社のケース	3社のケース
	3,000	1,000（1社当り）
	800 × 23% = 184 2,200 × 33% = 726 合計　910	800 × 23% = 184 200 × 33% = 66 小計（1社）242
		合計（3社）250 × 3 = 750
合　計	910	750

年間　160 万円の差

1．法人税の軽減税率の活用

課税所得 3,000 万円の会社を 3 社に分社して，1 社当り課税所得 1,000 万円とした場合で比較すると，上表のとおり年間で 160 万円の税額の差となります。

(注)適用除外会社（前 3 事業年度の平均所得金額が 15 億円超の中小企業者）については，中小企業者等に対する年 800 万円以下の所得に係る軽減税率の特例の適用はありません。

2．接待交際費の損金算入

接待交際費については，分けた法人の数だけの損金算入金額が増える可能性があります。

3．例外

資本金の額が 5 億円以上である法人による完全支配関係がある場合等においては上記 1 と 2 の適用はありません。

（文責：辻・本郷税理士法人）

73 従業員持株を優先株式に変更する

1．議決権制限株式の活用

一般的に，個々の従業員株主が所有している株式数は，発行済株式総数に比して少数であり，会社の運営に影響を及ぼすほどの持株比率ではありません。

このような少数派の株主にとって，会社の株式を所有していることの経済的価値は配当にあるといわれています。本来，従業員に株式を所有してもらう理由が，経営参加意識の高揚と資産形成・運用による福利厚生にあるとすれば，議決権のない配当優先株の株主になってもらうことは理に叶っている，といえます。

会社法は，株主総会の議決権が制限される議決権制限株式を発行できることを規定しています。公開会社（譲渡制限株式を発行していない会社）は，発行済株式総数の２分の１を限度として，議決権制限株式を発行することができます。非公開会社（譲渡制限株式のみを発行する会社）についてはこの制限はありません。

2．配当優先株式（議決権制限株式）のしくみ

配当優先株式という言葉は，最近上場大企業がよく使用していますのでお聞きになった方は多いと思います。非上場の中小企業にもこの制度の活用が事業承継対策の一環として近年急速にクローズアップされてきました。

配当優先株式のポイントは次の２つです。

1．普通株式に優先して配当を受ける権利があること。
2．優先株式の発行限度は発行済株式数の２分の１以下であること（非公開会社についてはこの限りではない）。

※株式会社は，配当や議決権等について内容の異なる２以上の種類の株式を発行する場合には定款で定めなければならない。

少しわかりづらいですね。

そこで某中小企業の優先株式発行に際しての定款変更の事例をご紹介しましょう。

〔定款変更記載例〕

第○条の○　優先株は次の内容を有するものとする。
①決算期において利益配当を行う場合は，優先株式は普通株式に先立ち年１割の利益配当を受ける。
利益配当が年１割に達しない場合は，その不足部分については次期以降に繰越して累積配当を受ける。
②優先株式に対し，前項の利益配当を行ったのちの残余利益金については，普通株式に対して優先株式と同率までの配当を行うものとし，さらに残余利益のある場合は総株式に対して同率の配当を行う。
③優先株式が，通算して10決算期間１割を下らない利益配当を受けたときは，前２項の権利は消滅する。
④優先株式は，株主総会において議決権を有しないものとする。

持株会を利用した将来の相続税の軽減と実権を残すプラン

ご提案のポイント

貴社ではオーナー所有持株 1,000 株のすべてをご子息に譲渡させるご構想のようですが，このうち 30％を優先株式に変更し，これを従業員持株会設立により所有させることができれば，ご子息には 700 株の譲渡で済み，かつ従業員には優先配当のメリットが享受できるという一石二鳥の効果があります。

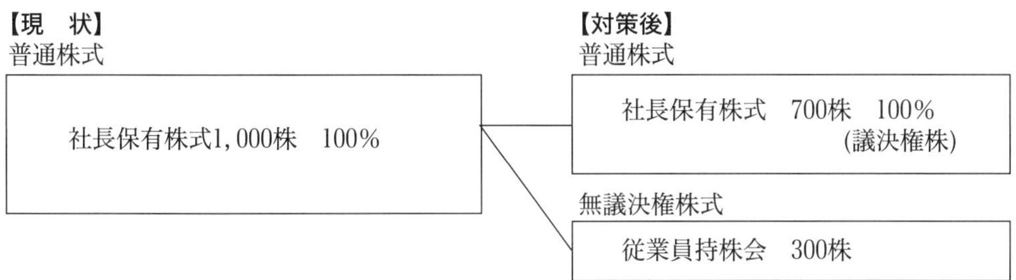

現状	社長保有株 100％を後継者に譲ることは，相続税の負担があまりにも重い
効果	社長保有株式のうち，一部（支配権が失われない範囲）を議決権制限株式へ変更したうえで，従業員持株会へ譲渡する。従業員持株会へは配当還元価額で譲渡する（10％配当のとき原則として額面相当金額になる）。これにより社長保有株式数を減らすことができ，相続税負担額は軽減される。また，株式を従業員持株会へ譲渡することによって，株式を社外流出させずに，従業員への福利厚生が果たせる。

この対策後，社長保有株 700 株の事業承継対策としては，360 株を後継者に相続させるだけで 51.4％の議決権の確保が可能になります。

したがって，残る 340 株（48.6％）は役員や社長親族等に所有させても支配権が揺らぐ心配はありません。

（文責：辻・本郷税理士法人）

74 赤字法人に借地権を移転

1．借地権の設定

個人の土地に会社が建物を建てる場合，常に，借地権の問題が生じます。建物をつくる場合，必ず土地がなければならないわけで，その土地が建物所有者以外の者の所有であれば，土地を借りる，借地関係を避けることはできません。

借地権の設定の基本パターンは次のとおりです。

① 借地権の買取り（単なる売買）

② 借地権の設定

- 無償返還の届出
  - 相当の地代の授受
  - 通常の地代の授受
- 同届出なし
  - 相当の地代の授受
  - 通常の地代の授受

(注) 通常の地代…底地に対応する地代
相当の地代…権利金を支払わない場合に，土地全体に対応する地代

③ 使用貸借（法人が借地の当事者の場合，この関係はない）。

2．借地権の認定課税

借地権の設定において，重要な問題は『借地権』の取扱いです。前述したように，建物には土地（借地権）がつきものですから，建物を建築する以上，法人は，借地権を『買取る』か，『借りる』かしかありません。問題は『借りる』場合です。

現行の借地借家法では，定期借地権といった新たな借地契約に基づく借地権が導入されていますが，それに該当しない借地権は，普通借地権として，従来の借地権同様半永久的な借地関係を継続することが可能です。つまり，『あげた』も同然というわけです。

この点を背景に，税務上も，一定の条件を満たしていない借地契約については，『あげた』ものとして取扱うことにしています。

具体的には，無償返還届出がされていない場合で相当の地代の授受が行われていないケースです。

借地権を『あげた』として借地人に借地権を計上させることを，税務上，借地権の認定課税といいます。

一方，『あげた』地主側は，借地権を売ったも同然ですから，税務上も譲渡と扱われるように思われますが，現行の取扱いは，譲渡としては扱われていません。

あくまで借地権の設定行為，つまり，借地にすぎないというわけです。

3．赤字法人へ借地権を

そこで，赤字法人が，オーナーの敷地に建物を建築し，借地権の認定課税を行った場合，借地権相当額は，法人の利益となるものの，それに見合う赤字があれば通算され，税負担は生じないことになります。

結果として，オーナーの敷地の借地権相当が，無償で赤字法人に移転したというわけです。

なお，オーナーと会社のオーナー以外の株主との間で贈与の問題が生じるケースがありますのでご注意ください。

赤字法人に借地権を贈与

── 会社の財務改善とオーナーの相続対策 ──

ご提案のポイント

① 赤字法人が，オーナーの土地に建物を建築するか，今ある建物を買い取ります。

② 借地契約は，通常の地代の授受のみとします。
無償返還届出も相当の地代の授受もしません。

③ 借地権相当額を法人の利益とします。

〈前提条件〉

(1) オーナーの土地評価額（借地権割合　70％）

・相続税評価額　　1億6,000万円

・時価　　　　　　2億円

(2) 会社の税務上の繰越欠損金

2億円

(3) 現在の会社の株式評価

（純資産価額▲2億円）0

(4) 上記の土地に会社は借地権を設定

オーナーの財産評価額の比較　　　　　　　　（単位：万円）

項　目	現　状	借地権設定後	差
土　地	16,000	4,800 (16,000 × 30%)	
株　式 （純資産価額）	0 （▲20,000）	0 （▲8,800）(注)	
合　計	16,000	4,800	11,200

（注）借地権設定後の純資産価額

上表の現状の純資産価額＋借地権▲20,000万円＋16,000万円×70％＝▲8,800万円

一方，法人の利益は

税務上の繰越欠損金　▲20,000万円

借地権の認定課税　　14,000（20,000万円×70％）

差引　▲ 6,000

となるため，法人税等の負担もありません。

（文責：辻・本郷税理士法人）

75 デット・エクイティ・スワップ活用による借入金の解消

1．デット・エクイティ・スワップとは

企業の再生手段の一形態としてデット・エクイティ・スワップ（以下「DES」）を利用した過剰債務圧縮スキームが確立されています。

DESとは，会社の借入金を株式の形に変換し，返済や金利負担の減少を行う債権の現物出資です。

2．DESの種類

DESの態様には，大別して，

①現金介在式

②現物出資方式

③会社更生法等によるもの

がありますが，ここでは現物出資方式についての手続きと，発行される株式，そしてメリット，デメリットについて解説します。

3．会計処理

会社仕訳上は，借入金を資本へ振り替えるだけの処理で足りますが，第三者への新株発行になりますので，株主総会の特別決議・取締役会・増資に係る登記，さらには税理士法人等が作成した評価証明が必要になります。

〈会社仕訳〉

（借入金）／（資本金）

（資本準備金）

この際，債権者は会社への貸付金が有価証券に変わるわけですが，取得した株式の取得価額は，「取得時における価額」，いわゆる時価によることとされています。

4．発行される株式

DESを行う場合に交付される株式は，もちろん普通株式でもかまいませんが，出資者（支援者）の権利の確保・好みや，会社（再建側）の負担等を考え合わせて，種類株式（優先株式）を用いる場合も多くなっています。種類株式は，優先配当権，株式の買取り，普通株式への転換権，残余財産の分配権などの条件につき，非常に多くの選択肢があるので，会社の状況や再建計画，会社の負担と責任等の種々の要因を考え，条件を適切に設計することが重要になります。

5．メリット

会社の過剰債務圧縮，会社の経営指標でもある自己資本比率の改善につながります。

また，債権者としては，株式の配当収入，また企業再生に伴う株価上昇によりキャピタルゲインが期待できます。

6．デメリット

資本の増加ですので，その増加額によっては地方税の均等割の増加，交際費の非課税の削減，法人税の中小法人に対する軽減税率は使えなくなる可能性が生じ，外形標準課税の適用対象になる可能性もあります。

また，非適格現物出資となるDESについては，資本等への振替額が時価となり，債務免除益に伴う課税が発生する場合があります。

DESを使って過剰債務一掃

── 自己資本比率ＵＰで信用度もＵＰ ──

ご提案のポイント

① 社長様からの借入金の現物出資により，債務超過の解消。

② 自己資本比率を引上げることにより，外部への信用もUP。

③ 社長様の財産は貸付金から有価証券に変わります。

〈前提条件〉

(1) 内　容：借入金1億6,000万円を資本金8,000万円と資本準備金8,000万円に振替

(2) 価　額：1株あたり5,000円

(3) 株　主：社長様100%所有

(4) 引受人：会社社長様

実行前（単位：万円）

資産	55,000	その他負債	20,000
		社長からの借入金	16,000
		借入金	17,000
		資本金	1,000
		資本準備金	0
		剰余金	1,000
	55,000		55,000

実行前（単位：万円）

資産	55,000	その他負債	20,000
		社長からの借入金	0
		借入金	17,000
		資本金	9,000
		資本準備金	8,000
		剰余金	1,000
	55,000		55,000

実行後は，社長様からの借入金が1億6,000万円減少することにより，自己資本比率が4%から33%に上昇します。また，資本金を1億円以下に抑えることにより，交際費の限度枠，中小法人の軽減税率を使用することができ，外形標準課税の適用も免れていますが，地方税の均等割が増加しますので注意が必要です。

また，社長様の側から見ると，相続時に貸付金1億6,000万円として課税されるはずだった財産が株式に変化しているため，その後の対策を誤らなければ1億6,000万円をはるかに下回る評価額にすることも可能です。

(注) 中小企業者のうち，いわゆる適用除外会社（前3事業年度の平均所得金額が15億円超の中小企業者）については，中小企業者等の軽減税率の特例等一定の租税特別措置法上の中小企業向けの特例の対象から除外されることになります。

（文責：辻・本郷税理士法人）

76 会社分割を使った事業承継

1. 会社分割とは

会社分割を一言でいえば，今ある会社の事業の一部を文字どおり別会社に分割することをいいます。この結果，物的施設・人的資源および無形資産であるところの有機的一体をなしている事業そのものが，別会社に切り離されることになります。この際，事業の移転先を新設会社とするか既存会社とするか，そしてその会社の株式の割当先を元の会社に割り当てるのか，元の会社の株主に割り当てるのかにより，次のように分類されます。

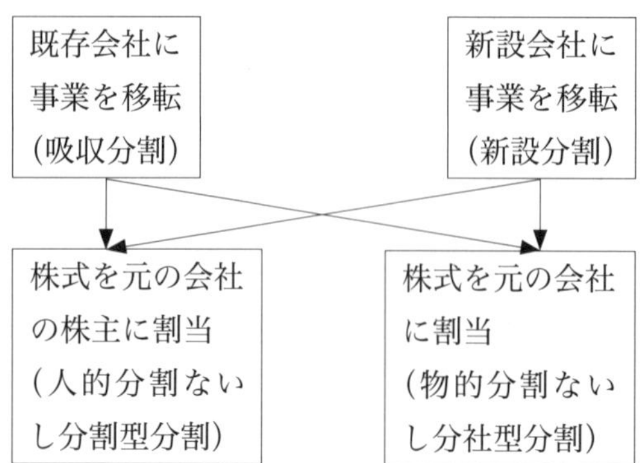

※会社法においては，会社分割は，すべて「物的分割」として構成されることとなり，人的分割はすべて「物的分割」＋「分割会社による分割会社株主への剰余金の分配」という構成に統一されることになります。

2. 税務の取扱い

上記のような会社分割が行われた場合，原則は分割時に時価による譲渡が行われたとして，譲渡益ないし譲渡損の計上をしなければなりません。

ただし，一定の要件を満たした会社分割については帳簿価額により引き継いだものとされ譲渡損益が生じないため，時価との差額を繰り延べることになります。

具体的な要件は次のとおりですが，いずれも分割により親会社または自社の株式のみが交付され，かつ，分割型分割にあっては，株主の持株数に応じて（按分型）株式を割り当てる場合に限ります。

(1) 企業グループ内の組織再編成の場合

① 100％の株式保有関係にある分割あるいは

② 50％超100％未満の株式保有関係にあって

i）主要な資産・負債が引継がれ

ii）従業員のおおむね80％以上が引続き業務に従事することが見込まれ

iii）事業が引続き営まれることが見込まれること

(2) 共同事業(注)のための組織再編成の場合

① 取得した株式を継続して保有することが見込まれ

② 上記i）からiii）までの要件が満たされていること

(注) 共同事業とは…分割法人の分割事業と分割承継法人の事業とが相互に関連し，それぞれの売上金額，従業員規模等がおおむね5倍の範囲に収まっており，または双方の役員が分割承継法人の経営に従事する常務クラス以上の役員になることの要件を満たすもの

会社分割を使って事業を分ける

── 適任者に事業を承継させるための会社分割 ──

ご提案のポイント

① 会社の事業を無税で分割することが可能です。
② 一定の要件に該当しなければ，税務上譲渡として扱われます（会社法上の会社分割でも税務上の特例要件は別です）。
③ 各事業会社を適任者ごとに承継させることができます。

〈前提条件〉

現在，Ａ社は出版事業と不動産事業を営んでいます。オーナーは，出版事業は次男に不動産事業は長男にそれぞれ事業承継させたいと考えています。

会社分割を使って，今の会社を出版事業を行う会社と不動産事業を行う会社の２社に分けたい。どのような方法がありますか。

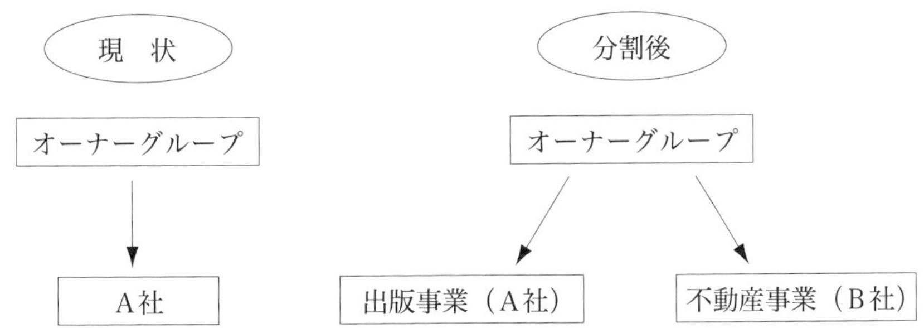

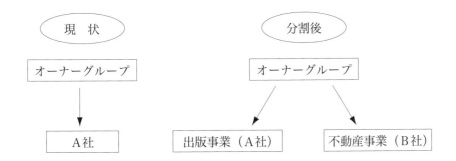

Ａ社の営む事業のうち不動産事業を別会社に分離して，上記のような体制をつくります。いわゆる分割型分割です。株式の割当を受けるオーナーグループは，Ａ社の株式所有割合に応じてＢ社の株式を受けることが必要です。さらに，一定の要件を満たせば税務上の適格分割となり，企業グループ内の組織再編成に該当することになります。

このような体制を整備したうえ，Ａ社の株式は次男が相続し，Ｂ社の株式は長男が相続することで，各事業の承継が可能となります。

（文責：辻・本郷税理士法人）

77 保有資産に被災損失が発生したとき

1．災害があった事業年度の評価損や，被災資産復旧のための補修費用

(1) 被災資産の評価損

法人が有する商品，店舗，事務所やこれらを利用するために支出した分担金等の繰延資産について災害による著しい損害が生じたことにより，時価が簿価以下となった場合には，簿価と時価の差額は，税務上評価損の計上が認められます。

(2) 災害により滅失・損壊した資産等

法人の有する以下の資産が災害による被害を受けたときには，その損失または費用の額は損金の額に算入されます。

①商品等棚卸資産，店舗や事務所等の固定資産が滅失，損壊した場合の損失

②損壊した資産の取壊しまたは除却のための費用

③土地その他障害物の除却のための費用

(3) 復旧のために支出する費用で一定のもの

賃貸借されている資産で賃借人に補修義務がある資産についても，東日本大震災による被害が甚大であり，賃貸人が取引関係を維持するために無償で補修や点検を行わざるをえないと考えられるため，補修費用を修繕費として処理した場合は，税務上も費用として認められます。

2．災害があった事業年度後に補修費用を支出する場合（災害損失特別勘定の設定）

(1) 災害損失特別勘定の概要

災害のあった日の属する事業年度において，被災資産の修繕等のために要する費用の見積額を災害損失特別勘定として経理したときは，その金額が税務上，費用として認められる制度です。

(2) 見積額の算定

次の金額のうち，いずれか多い金額が繰入限度額となります。なお，災害損失特別勘定の対象となる保険金等がある場合には，繰入限度額からその保険金等が除かれます。

①価値減少額

被災資産の被災事業年度等終了の日における時価が，簿価に満たない場合のその差額

②修繕費等の見積額

被災資産について，災害のあった日から1年以内に支出が見込まれる次の費用の見積額

ア．被災資産の原状回復，取り壊し，除却のために要する費用

イ．土砂その他の障害物の除去に要する費用

ウ．被災資産の損壊，価値減少を防止するために要する費用

被災資産に関する損失の見積計上

ご提案のポイント

① 被災資産の補修費用を見積もり，災害損失特別勘定で費用を前倒し計上する。

② 修繕費用の見積額は，修繕等を行うことが確実と見込まれる被災資産について，修繕等を請け負う建設業者，製造業者等による修繕費用の見積額などによる。決算にあたって，事前に業者への見積もりを依頼しておく。

〔災害損失特別勘定の繰入限度額〕

被災資産		商品	倉庫	合計
①価値減少額	被災資産の簿価	5,000万円	10,000万円	15,000万円
	被災資産の時価	1,000万円	5,000万円	6,000万円
	価値減少額	4,000万円	5,000万円	9,000万円
②翌期以降の修繕費見積額		−	3,000万円	3,000万円
③費用の見積額（①，②のうち多い金額）		4,000万円	5,000万円	9,000万円
④翌期以後の保険金収入		1,000万円	3,000万円	4,000万円
⑤特別勘定繰入額（③−④）		3,000万円	2,000万円	5,000万円

(留意点)

1．被災資産について，評価損を計上した場合は，その資産の修繕等のために要する費用は，土砂の除去費用など一定のものを除き災害損失特別勘定の繰入対象になりません。

2．被災資産は，法人が有する棚卸資産，固定資産や法人が賃借している資産や販売した資産で契約により法人が修繕等を行うこととなっている資産です。賃貸している資産で賃借人が修繕等を行うことになっているものは，災害損失特別勘定の対象とならないので，注意が必要です。

(文責：辻・本郷税理士法人)

78 医療用機器等の特別償却

1．医療用機器の特別償却の概要

医療用機器の特別償却制度とは，青色申告書を提出する医療保険業を営む法人や個人が，一定額の医療用機器等を事業用に使用した際に特別償却できる制度です。

2．対象となる資産・特別償却割合

青色申告をする以下に掲げる法人または個人が，2023年3月31日までの間に高額な医療機器等もしくは勤務時間短縮用設備等を取得・製作した場合，または構想適合病院用建物等を取得・建築・改修等した場合には，その事業用として使用した日の属する事業年度において取得価額の一定割合の特別償却が認められます。

法人・個人	資　　産	割　合
医療保険業を営む法人・個人	高額な医療用機器 医療用の機械および装置ならびに器具および備品で1台または1基の取得価額が500万円以上で 1．高度な医療の提供に資するものとして厚生労働大臣が指定するもの 2．薬機法の①高度管理医療機器，②管理医療機器，③一般医療機器のうち厚生労働大臣が指定した日から2年以内のもの ※病院用の全身CT・MRIについては，別途要件あり	取得価額の12％
	勤務時間短縮用設備等 器具および備品（医療用機械装置を含む）並びにソフトウェアのうち，1台または1基の取得価額等が30万円以上で，都道府県の確認を受けた医師等勤務時間短縮計画に基づき取得または製作するもの	取得価額の15％
	構想適合病院用建物等 医療法の構想区域等内において取得，建設，改修をする病院用または診療所用の建物およびその附属設備のうち，下記要件のいずれかに該当するもので，都道府県の確認を受けたもの 1．既存病院用建物等を廃止し，これに代わるものとして新たに建設されること 2．改修により既存病院用建物等において一の病床の機能区分に応じた病床数が増加すること	取得価額の8％

医療用機器の特別償却制度を使って節税を図る

ご提案のポイント

一定の条件を満たす医療用機器については，普通償却額のほか，特別償却額が損金に算入できます。

〈前提条件〉

① 購入機器	特殊撮影エックス線装置
② 取得価額	10,000,000円
③ 概算の税率	800万円まで：22% 800万円超：33%
④ 決算月	2月
⑤ 主体	医療保険業を営む青色申告法人 資本金5,000,000円

科目	特別償却未実施	特別償却実施	差額
減価償却			
普通償却	3,330,000円 (＊1)	3,330,000円 (＊1)	0
特別償却	－	1,200,000円 (＊2)	1,200,000円
減価償却合計	3,330,000円	4,530,000円	1,200,000円
・ ・ ・	・ ・ ・	・ ・ ・	・ ・ ・
課税所得	10,000,000円	8,800,000円	▲1,200,000円
法人税	2,420,000円 (＊3)	2,024,000円 (＊4)	396,000円

(＊1) 10,000,000円×0.333＝3,330,000円…普通償却限度額
(＊2) 10,000,000円×0.12＝1,200,000円…特別償却限度額
(＊3) 8,000,000円×22%＋2,000,000円×33%＝2,420,000円
(＊4) 8,000,000円×22%＋800,000円×33%＝2,024,000円

特別償却額は，取得価額に特別償却割合を乗じて算出します。また，特別償却額は通常の償却額（普通償却額）に加えて，税務上損金に算入されます。

このことから，医療用機器を取得した事業年度においては「特別償却額×税率」に相当する金額を節税することが可能となります。上記の例で示すと，特別償却額1,200,000円に概算の実効税率33%を乗じた，396,000円が節税可能です。

（文責：辻・本郷税理士法人）

編著者紹介

辻・本郷 税理士法人

〒163-0631　東京都新宿区新宿 4-1-6 JR 新宿ミライタワー 28 階
☎ 03-5323-3301 (代)

〈代表社員〉

本郷　孔洋（ほんごう・よしひろ）

［著　書］

「本郷孔洋の経営ノート 2022 ～ with コロナの成長戦略、経営者の真価が問われる時代の到来～」「税理士が見つけた！本当は怖い不動産業経理の失敗事例 55」「税理士が見つけた！本当は怖い建設業経理の失敗事例 55」「税理士が見つけた！本当は怖い相続の失敗事例 55」（東峰書房），「税理士がこっそり教える！相続税がかぎりなくゼロ円になる方法」（宝島社），「オーナーのための自社株の税務＆実務〔十訂版〕―売買・保有・評価―」（税務経理協会）など多数。

2022 年度版（ねんどばん）
税金対策提案シート集（ぜいきんたいさくていあんしゅう）

2022年 7 月25日　2022年度版発行
2022 年 7 月 25 日　1 刷

編 著 者　辻・本郷税理士法人（つじ・ほんごうぜいりしほうじん）

発 行 者　星野　広友（ほしの ひろとも）

株式会社 銀行研修社

東京都豊島区北大塚 3 丁目 10 番 5 号
電話東京 03(3949)4101（代表）
振替　00120-4-8604 郵便番号 170-8460

印刷／神谷印刷株式会社　　ISBN978-4-7657-4673-1
製本／株式会社中永製本所

ご愛読者の皆様へ

書籍版の廃止について

株式会社銀行研修社

本シート集は、これまで本書籍版と、ＷＥＢ版の２種類の媒体で提供してまいりましたが、2022年度版をもちまして書籍版を廃止、2023年度版からはＷＥＢのみでのご提供とさせていただきます。

ＷＥＢでは、提案シート、計算シート等は実際の数値を入力することで、計算結果をシュミレーションできる機能がついており、その提案シートを印刷もでき、書籍版よりお客様への訴求力が強いと評判です。またＷＥＢ版には姉妹書「相続税務・法務相談シート集」「保険有効活用提案シート集」も収載されています。

下記の要領にて、ＷＥＢ版への切り替えをお勧めします。

◆相続・承継・保険提案事例集 Ｎｅｔ

辻・本郷税理士法人　編

ＷＥＢ版は、１年契約です。１月、５月年２回データが更新されます。

１年契約料金　１ＩＤ　6,100円（税込）

●2022年度中（2022年７月～2023年３月）のご契約は、切り替えキャンペーン期間として、契約初年度のみ4,800円（税込）とします。（自動更新、更新後は6,100円）

システムの概要は次を参照ください。

https://www.ginken.jp/products/detail/140

ＣＤ－ＲＯＭ配信は、別途550円（税込）申し受けます。

ＩＤ・ＰＷ方式の場合はインターネット環境が必要です。

商品内容等お問い合わせ先は

株式会社銀行研修社　営業部業務課　03-3949-4169（直通）

---------------------------- 申込書 ----------------------------

相続・承継・保険提案事例集Ｎｅｔを申し込みます。

氏　　名	㊞	日　付	年　　月　　日
所　属　名		部署名	
契 約 方 法	①ＣＤ－ＲＯＭ配信（別途550円）　　②ＩＤ・ＰＷによる配信		
送付先住所	〒		
配信開始月	キャンペーン特価4,800円にて　　　年　　　月から利用します。